Go Global

글로벌 그린마켓 승자의 길

Green Growth

Go Global

글로벌 그린마켓 승자의 길

임은모(글로벌 그린 마케터) 지음

Green Growth

이담
Books

CONTENTS

Chapter
1

Chapter
2

CONTENTS

Go
Global

글로벌 그린마켓 승자의 길

Green
Growth

　이미 '녹색성장'의 기본 틀은 마련되었다. '녹색혁명'도 총론에서 개론으로 들어가 국민적 공감대 형성을 이루어냈다.

　'저탄소 녹색성장'을 국가 비전의 중심 축(軸)으로 정해 이를 주도적으로 이끌고 있는 한국 이명박 정부는 올해부터 '녹색기술 완수'를 위해 국력을 한곳에 모으기 시작했다.

　지난해 9월 미국 뉴욕 유엔본부에서 개최된 '제3차 G20 정상회의'에서 이명박 대통령은 "한국은 매년 국내총생산(GDP)의 2%를 녹색기술에 투자하겠다"고 천명한 다음부터 '녹색성장'은 한국의 그린 뉴딜을 넘어 글로벌 그린 뉴딜로 범위가 확대되었다.

　관련기업들도 범국가적 정책 방향에 고무(?)되어 그린 테크놀로지 개발과 상용화로 하루 24시간을 쪼개고 있다. 관련기업 사장들이 앞장서서 뛰고 있는 모습은 연일 매스컴의 단골 메뉴가 되었다. 대기업 총수들마저 합세에 기술현장에 모습을 드러낸 장면이 간단없이 뉴스를 타고 있다.

　그러나 문제는 한국시장이 아니라는 점이다. 좁은 내수시장으로는 곧 한계에 직면하게 된다. 최근 글로벌 경제위기를 겪으면서 해외시장의 문은 보호무역주의로 인해 갈수록 높고 굳게 닫혀 있다. 우선 자기부터 살고 보자는 것이 보호무역주의의 맹점이다.

글로벌 그린 마켓이 손짓하고 있다

따라서 그냥 앉아 해외시장 확대만 기다릴 수 없지 않은가. 그렇다고 지난해 유엔환경계획(UNEP) 보고서대로 '세계 그린 뉴딜 전략은 한국이 선도'하고 있다는 칭찬에 도취하기는 아직 이르지 않은가. 전 세계가 요구하는 그린 테크놀로지는 하루아침에 쌓이는 기술이 아니지 않은가. 돈이 많다고 해도 이미 글로벌 그린 마켓에서는 미국을 비롯한 중국과 인도 등이 마구잡이식 기업인수합병(M&A)으로 가격만 잔뜩 올려놓고 있지 않는가. 또한 글로벌 그린 마켓은 우리 생각처럼 녹녹하거나 공략은 말처럼 쉽지 않지 않는가.

이 다섯 가지 의문과 제안에서 이 책은 시작된다. 결론부터 말하자면 나는 좁은 내수시장에서 목소리를 높이는 일 대신 글로벌 그린 마켓이 요구하는 수준의 그린 테크노롤지로 재무장하여 당당하게 세계시장에서 승자가 되는 일에 대한 녹색기술 완수를 그려낼 것이다.

그렇다고 한국은 에너지 수입률 97%, 국민 GDP의 70%를 수출에 의존하고 있음을 제시해서 그린 뉴딜을 포장하려는 것도 아니다.

미국은 1992년부터 시행하고 있는 에너지 효율성마크인 '에너지 스타

(Energy Star)'인증부여라든가 유럽연합의 '에너지 라벨(Energy Label)'을 제시해 에너지절약의 필요성에서 에너지 소비자 라이프스타일을 제안하려는 것도 더욱 아니다.

우리 모두가 잘 알고 있는 그린 라이프스타일 변화와 같은 일반적인 상식을 넘어 큰 그림이 되어야 하는 글로벌 그린 마켓만을 지향할 것이다.

환경문제가 어제오늘의 일이 아니듯이 거의 모든 국민은 그린에 관해서는 세계 일류다. 웰빙 제품에만 지갑 끈을 푸는 데 단연 한국은 톱클래스에 속한다. 관련 박사도 많고 많다.

대신 글로벌 그린 마켓을 먼저 읽고 이를 틈새시장 개념에서 비즈니스 모델(BM) 만들기에 이력이 붙은 마케터 신분인 내가 할 수 있는 일, 국제경쟁이 극에 달한 그린 뉴딜 마켓에서 한국 브랜드를 달고 진정한 승자가 되는 일에만 국한시킬 것이다.

최우선적으로 글로벌 마켓의 시장 동향과 함께 시장 트렌드 파악, 진정한 승자의 조건과 기술현장의 목소리, 그리고 글로벌 그린 마켓의 절대 승자를 위한 한국 기업들의 등극 등이 주요 내용이 될 것이다.

크게 보고 크게 가는 그린 길라잡이

단행본이 갖추어야 할 구색을 살리기 위해 나는 이 책을 모두 여덟 장으로 나누어서 이해를 돕고 동시에 이해를 구할 것이다. 간략히 설명하면 이런 것이다.

제1장·제2장은 보호무역주의 장벽이 갈수록 높아져 가는 글로벌 그린 마켓을 이해하는 데 필요한 정보제공 차원의 현주소다. 이를 통해 글로벌 그린 마켓에서 승자가 되는 일이야말로 '지피지기는 백전백승'이라는 사자성어를 그대로 녹아냈다.

제3장은 글로벌 그린 마켓에 부는 다섯 가지 바람을 집중 소개했다.

제4장은 녹색성장산업에서 글로벌 승자로 평가받고 있는 7개 기업을 다루었다.

제5장은 케이스스터디가 요구하는 수준의 녹색성장산업을 이루고 있는 네 곳을 초대장 형식을 빌어서 안내했다.

제6장은 'Go Global Green Growth'를 이루고 있는 그린 마케팅에 관한 보고서다.

제7장은 한국 이명박 정부가 지향하는 녹색성장산업에서 날개 달기를

살펴보았다.

변방에서 그린만은 세계 중심으로

하지만 여덟 장의 결론은 단 하나다. 1930년대 미국 루즈벨트 대통령의 뉴딜 시대 때 가장 돈을 잘 버는 사람은 청바지 업자와 존 록펠러(Rockefeller)였다는 점이 도움말이 될 수 있다. 진정한 글로벌 그린 뉴딜의 승자도 여기서 오십보백보이기 때문에 그렇다. 특히 그린 테크놀로지에서 한국이 기술우위에 있는 분야부터 특화해야 한다.

예를 들면 원자력발전을 비롯하여 리튬이온배터리와 스마트그리드, 태양광발전과 풍력발전, 그리고 해양담수시설과 같은 그린 플랜트 수출 등이다.

모두가 하나같이 올해 11월 한국에서 열릴 예정인 '제5차 G20 정상회의' 에 참석할 세계 정상급 최고지도자와 세계적인 매스컴 담당자에게 소개되고 홍보될 수준의 그린 테크놀로지 승자 출현의 기대다.

승자 출현의 분위기는 차츰 무르익고 있다. 이미 전 세계는 '제5의 물결'로 녹색혁명에 대한 기대가 갈수록 높아지고 있다. 이를 가시화시키기 위해서는 이제부터 국력 총집결은 물론 기업의 핵심역량 집중에 대한 요구가 갈수록 높아지고 있음이 그 증거다.

높아지는 일은 곧 글로벌 마켓의 확대를 의미한다. 이를 선점(先占)하는 그런 마케팅을 극대화하기 위해서라도 최근 이명박 정부가 내건 '녹색기술 완수'의 최종 종착지로 삼는 일이 과제로 남는다. 그게 비로 이 책의 메인 메시지이자 또한 내용의 핵심 메뉴가 된다.

끝으로 무딘 글이라도 마다하지 않고 출판의 기회를 주신 한국학술정보(주)의 채종준 대표께 이 자리를 빌려 감사의 말씀을 드린다.

2010년 1월 3일

임 은 모

adimo@hanmail.net

Chapter 1.
What can we do global green growth?

1 www.choosinggreen.com

이곳저곳에서 녹색이다. 온통 녹색세상이 되고 있다. 시원한 녹색바람마저 불고 있다. 녹색으로 포장되지 않으면 껌 하나 팔 수 없는 세상으로 발전했다.

전 세계적으로 녹색에너지와 녹색경영이 글로벌 마켓의 핵심 화두로의 등장과 함께 미래 국가성장 동력이 이미 기성사실이 되었다.

지난해 9월 '제3차 G20 정상회의' 이후 하루도 거르지 않고 국내외 언론매체들이 작당하듯 앞장서서 녹색천지를 읊조린 결과다. 녹색성장에 귀를 닫고 싶어도 피할 재간마저 없다.

그래서 녹색 당의정(糖衣錠)만 바르면 만병통치가 되고 있다는 시중 농담은 진실에 가깝다. 그것이 한국만의 산업현상이 아니라는 점에서 일단 위안이 되고 있다.

동서양을 가르지 않고 거의 모든 나라가 녹색바람에서 단 하나뿐인 지구를 우리 후손에게 물려줄 수 있다는 그 기대가 한몫을 했다.

교토의정서에 이어 지난 2009년 12월 코펜하겐회의 합의사항이 발표되면서부터 녹색바람은 더욱 거세게 일고 있다. 거스를 수 없는 대세가 되었다.

2013년부터 한국도 탄소감축대상국 반열(?)에 올랐고 결국 국제녹색질서에서 자유스럽지 못한 처지에 내몰렸다.

"단 하나뿐인 지구를 건강하게 후손에게 물려주자"라는 대의명분을 내걸고 녹색산업을 '미래 수종산업'으로 등극시킨 이명박 정부는 국가정책의 우선순위를 '저탄소 녹색성장'으로 정하고 그것에 집중하여 오늘에 이르렀다.

우리가 잘 아는 대로 녹색(green)은 보존과 보호의 의미가 강하고 반면 성장(growth)은 기술개발과 글로벌 그린 마켓에서 진가가 발휘된다.

녹색성장은 교과서식으로 보면 모순된 이론에 속한다. 하지만 어느 누구 하나 이견이나 거부감 없이 통용되는 세상에서 그렇게 우리는 살고 있음이 더 신기하다.

특히 환경하면 통상 자본회수가 어려운 비용요소로 간주되는 세상에서 하루 사이에 개혁하듯 '저탄소 녹색성장'에 목을 매고 있으니 벌린 입을 다물기 어렵다. 표정관리라면 그래도 애교로 이해는 될 수 있다.

원래 녹색산업은 기업에게는 투자비가 많고 회수기간이 길어서 별로였다. 그래서 정부주도형 산업으로 이해되었다.

그러나 세상이 바뀐 것이다. 2008년 9월 글로벌 금융위기와 오바마 행정부 등장과 함께 녹색성장이 주목을 받기 시작했다.

시대상황에 맞게 일자리 창출과 그린 뉴딜의 이해관계가 맞아떨어져

65억 지구촌 소비자에게 공감대를 형성하는 단초가 되었기 때문이다.

여기다가 돈맛에 이력이 붙은 GE 등 글로벌기업들이 앞장서서 그린 바람을 일으키고 있다. 하나에서 열까지 저탄소 녹색성장산업 동참에 행여 늦을까 봐 안달하는 촌극이 더 희극적이다.

'저탄소 글로벌 경쟁'에서 적극적인 몸짓이 여러 나라, 여러 곳으로 확대일로다. 바로 이것이 그린 뉴딜(Green New Deal)의 현주소이자 정책적 실체이다.

녹색 레이스

역사는 과거의 교훈이다. 이를 그대로 패러디해보면 그린 뉴딜의 단초는 길게는 40년, 적게는 겨우 2년째다.

여기서 길게는 지난 1·2차 석유파동 당시 고통받은 한때를 경제적 아픔으로 간주해 화석에너지 피해를 철저하게 준비한 시대부터 계산된다. 그린노믹스(greennomics)의 개념을 달성시킨 덴마크가 대표적인 성공사례의 주인공이 된다.

짧게는 2008년 7월 석유 1배럴당 147달러는 고유가시대를 경험한 세계가 고갈될 화석연료에 대한 준비 없이는 세계경제가 모래성 위에 쌓은 신기루임을 다시 인식한 것을 일컫는다.

이처럼 녹색 레이스는 전 세계가 동참하는 가운데 기술과 경영, 그리고 에너지가 교집합 되어 인류 역사상 가장 크고 가장 강한 그린 뉴딜시장을 형성시키는 데 무서운 힘을 발휘하기 시작했다.

흥미만점답게 석유 한 방울이라도 더 팔아야 할 메이저 정유사업자를 비롯하여 그린과 거리가 먼 제철소와 자동차 메이커들이 앞장서서 그린 물결을 주도하고 있다는 점이다.

이산화탄소 배출의 주범으로서 사과하는 몸짓을 넘어 이를 그린 마케팅으로 활용하는 기업운영은 이제 뉴스가 아니다.

전 세계적인 정유업체 BP가 그렇고 새로운 부활의 역사를 쓰고 있는 GM이 그렇고 한국의 포스코가 그들 면면이다.

미국 경제전문지 포천의 500대 기업에 속하는 간판기업들이 그린 레이스에 앞장서고 있으니 다른 설명은 번거로움에 속한다.

한마디로 요약하자면 'What can we do global green growth?'의 요구에 관한 대응이다. 직역하면 '녹색 레이스의 동참'이 아닐까 싶다.

녹색의 실체

정보의 보고인 인터넷을 통해 녹색의 실체는 어렵지 않게 만날 수 있다. 표현이 단순하듯 녹색의 실체는 지천에 깔려 있다.

그린 레이스에서 총론을 쓰고 있는 국가와 기업들은 그린을 통한 정보의 각론과 공유의 이익은 물론이고 새로운 미래비전까지 제시하고 있다.

그린 레이스에 동참을 스스로 즐기면서 이를 기회로 각인시킨 녹색의 실체가 바로 추신 그린(Choosing Green)이다.

그것도 아날로그 실체가 아닌 디지털 매체를 통해 보여주는 인터넷 주인공이다. 그 많은 실체에서 겨우 한 자리를 차지하고 있을 정도다.

거리를 질주한 수많은 자동차 행렬에 속한 하나의 자동차라는 얘기다. 그래도 추신 그린은 녹색바람의 실체답게 그린의 마켓을 업고 그린의 미래를 향해 뛰고 있다. 동시에 그린의 생활철학을 전제해서 말이다.

추신 그린의 홈페이지를 열면 그린의 실체답게 녹색바탕에 네 가지 카테고리가 눈을 즐겁게 한다. 정겨움부터 묻어온다.

플로그림(programming)으로 시작해 자원(resources)과 커뮤니티(community), 그리고 나, 곧 추신 그린(i am choosing green)이라는 실체를 포지셔닝하고 나선 것부터 예사롭지 않다.

우리에게 낯익지 않는 고장인 미국 조지아 주 케톤 시(Canton, GA)에 본부를 두고 있다. 녹색기술의 강자답게 그린을 통해 지속가능한 라이프스타일을 무기 삼아 상행위에 임하는 그린 마케팅이 탁월했다.

하긴, 아메리카식물위원회(American Botanical Council)를 거느린 질티비(ZeellTV) 소속이라 해도 그린 마케팅 능력이 수준 이상이다.

이제는 미국 언론매체까지 앞장서 녹색바람을 일으키고 있음이 증명된 셈이다. 미국처럼 한국 언론매체도 여기에 이미 동참한 상태다.

특히 추신 그린의 그린 철학은 전 세계의 유저들에게 클릭 수를 보태는 묘미로 정평을 얻고 있다.

예컨대 너무나 친숙한 그린을 그린 철학으로 승화시켜 글로벌 그린 마켓의 리더에 오른 저력은 시대적 귀감이 되었다.

'그냥 그린보다는 진짜배기 그린 철학'을 실제로 보여주는 것에서 차별성을 극대화한 점도 돋보인다.

일회성 유행철학 속에 그린 미래를 근본적으로 제시하는 데 무게를 둔 결과다. 특히 철학을 앞세워 이런 등식으로 제시한 점은 우리 무릎을 치게 한다.

예를 들면 'green energy = money x future x new job'을 들 수 있다. 오바마 행정부의 뉴그린 정책(New Green Policy)을 그대로 전수해 그린 실체를 미래비전으로 삼고 있기 때문이다.

논리를 비약시키자면 그린 바람에 상종가를 치고 있는 미국 GE(General Electric)가 연상되고 있음이 우연일까. 아니면 필연일까.

제프리 이멜트가 이끌고 있는 GE는 이번 금융위기에서 알토란과 같은 GE Money를 포기한 대신 중동지역 오일머니에 손을 벌려야 했다.

이런 이유 때문에 추신 그린은 그린 실체를 전 세계적으로 이슈화된 내용을 비디오 창에 옮겨 녹색 바람이 그냥 일과성 바람이 아님을 강변하고 있다.

물론 전 세계적으로 불고 있는 지금의 그린 강풍은 제5의 물결로서 녹색혁명의 주역이 되고자 하는 몸짓에 저절로 머리가 숙여진다.

2 www.go-green.ae

지구온난화 방지와 기후변화 대응, 그리고 이산화탄소배출 감소는 우리 모두에게 풀어야 할 과제다. 이견이 없다. 이 세 가지 과제 해결이 없이는 물 부족과 식량 문제에 자유스럽지 못함은 진부한 상식이다.

그러나 이 세 가지 과제 해결은 말처럼 그리 간단하지 않다. 1·2차 세계대전 이래 거의 한 세기 동안 심각한 국제적 현안으로서 문제의 심각성은 골이 깊고 넓다.

이를 외면하거나 늦추면 그만큼 우리 지구촌 소비자의 고통은 배가 됨이 그 주된 이유다.

차라리 피할 수 있다는 명분만이라도 있었다면 지금과 같은 그린 바람은 애당초 생기지 않았을 것이다.

유엔(UN)의 단골 현안으로서 물 부족과 식량 문제는 이제 그린 바람에서 해결을 할 수밖에 없다는 점이 이번 15차 코펜하겐회의에서 합의를 이룬 것만 보아도 이를 잘 방응해주고 있다.

문제는 외면과 회피보다는 정면대결과 같은 극적인 공감대 형성 수준의 각성과 준비가 그래서 필요한 것이다.

이를 현실화시킨 그린 바람 사이트가 바로 고 그린(go-green) 사이트다. 굳이 차별성을 찾자면 앞에서 소개한 추신 그린이 동적(動的)이라면 반면 고 그린은 정적(靜的)으로 대비해도 된다. 정동정(靜動靜)으로 보아도 무방하다.

동적인 비디오 창 운영 대신 읽고 느끼기 쉽게 매우 절제된 내용을 담고 있다. 사막의 나라인 중동지역 아랍에미리트연합(UAE)에서의 간판 그린 사이트이기도 하다.

think green · act green

앞의 추신 그린이 네 가지 카테고리를 고수한 반면 고 그린은 19개로 세분화되어 정적의 의미로서 제 몫을 다한 것이 다른 점이자 차별성일 수 있다.

특히 싱크 그린과 액트 그린에서는 행동하는 미학 수준의 그린 라이프 스타일을 제시해서 그린의 필요성과 당위성에 무게를 두고 있다. 그것도 퍽 감동적으로 승화시켜서.

우리가 잘 알고 있듯이 아랍에미리트연합 아부다비(Abu Dhabi)는 세계 최초 제로카폰시티 아부다비 마스다르를 건설하고 있다.

지난 2008년 2월 첫 삽을 뜨고, 오는 2016년 완공을 목표로 공사가 진행 중이다. 8년의 긴 공사 기간이 필요함도 함께 읽게 하고 있다.

아부다비 도심에서 20km 떨어진 칼리파시티 소재 아부다비 마스다르는 전 세계적인 그린 시티의 명소가 되고 있다. 벤치마킹 수준은 이미 넘어섰다.

그래서 고 그린 사이트는 아부다비 마스다르를 대신해 미래의 그린을 유추할 수 있다는 점이 공통된 견해이고 공통된 지적이 되었다.

220억 US 달러(27조 5,000억 원)라는 천문학적인 투자자금과 오일머니의 위력을 등에 업고 2009년 7월 국제재생에너지본부마저 유치하는 데 성공한 적극성은 우리를 그저 놀라게 할 뿐이다. 석유부국이 그린에 목을 매고 있음은 무엇을 의미하는 걸까.

그린 도시의 상징인 야자수 거리

8월의 아부다비 도심 바깥 온도는 섭씨 45도를 오르내린다. 여름 한철 서울 온도가 32도일 때 걷기가 힘이 든다면 아부다비 관광은 아예 희망사항에 속한다.

하지만 찌는 무더위에서 관광천국 하와이처럼 야자수 나무가 열렬종대로 서 있는 모습은 여기가 열사의 나라인가 되물을 정도다. 기적을 보는 것과 진배없다.

어른들 손으로 감싸기조차 힘든 아름드리 야자수 거리의 가로수 밑바

닥에는 매 시간 물이 흐르고 있다. 바닷물을 담수화(淡水化)하여 이를 가꾸고 있는 것이다.

매사를 부정적으로 보아도 의미는 마찬가지다. 이런 현실이 생각을 초월해 머리가 숙여지는 가로수 육성과 보호는 아부다비 그린 라이프스타일의 전형이 되었다.

이런 불가능을 가능하게 만든 아부다비 그린 정책은 역사와 자연이 공존하는 도시국가의 숙명으로 해석해도 좋다.

아부다비 르와이스 공단

이를 의아하게 해석하는 측에게는 일단 아부다비 소재 르와이스 공단 견학을 추천한다.

끝없는 사막을 가로질러 아부다비에서 자동차로 3시간 거리의 아부다비 르와이스 공단의 위용이 말로만 듣던 오일머니의 실체를 무언으로 실감시키는 걸맞은 유전시대다.

아부바디 르와이스 공단은 세계 3위 원유매장량을 자랑하고 있다. UAE에서 석유와 가스 등 화석연료의 90% 이상 매장되어 있다.

아부다비 르와이스 지역은 막대기만 꽂아도 석유와 가스가 나온다는 곳이다. 2009년 한 해 동안 한국기업들은 이곳에서 188억 달러(삼성엔지니어링 80억, GS건설 62억, 현대중공업 46억) 수주공사를 성공하였다.

　아부다비 르와이스 공단에는 최근 삼성엔지니어링이 완공시킨 석유화학 플랜트 공장이 위용을 뽐내고 있다.

　이를 지켜보고 있으면 아부다비 도심에서 의아하게 생각한 오일머니 위력은 야자나무 거리 육성정책에서 진가를 발휘함을 알 수 있다.

　석유 한 방울 나지 않는 자원빈국 출신인 나에게 어찌 부러움이 없을까. 만에 하나 없다면 시샘에 지친 오기일 수 있다. 부질없는 내 오기에 찬물을 끼얹는 사이트가 바로 고 그린이다.

3 www.cbi.org.uk

영국은 전통적으로 정복의 역사와 의회민주주의 실천에 의해 발전한 국가다. 물론 분쟁의 소용돌이에서 오뚝이처럼 일어난 나라이기도 하다.

그래서 영국의 이미지는 '해가 지지 않는 나라' 라든가 '대영제국', 또는 금융공학으로 나라를 살찌우면서 '관광' 을 아우르는 국가로 이해하고 있다.

오랜 전통으로 다듬어진 신사의 나라 대영제국이 글로벌 금융위기를 맞아 비틀대는 모습에서 제조업과 자국 소비에 기반을 둔 국가경영이 절대적임을 교훈으로 남겼다. 도시국가 싱가포르도 예외가 아니었다.

그러나 영국은 일찍이 지구온난화 방지와 기후변화 대응에 매우 적극적이었다. 이러한 모습은 우리에게 귀감이 되고 있다. 전통을 탈피하고 시대가 요구하는 국제환경질서에서 기득권을 확보하기 위해 그린 바람을 진두지휘하는 모습이야말로 그린 뉴딜의 영국을 다시 보게 된다.

GND그룹의 권고

다른 모습의 영국형 그린 뉴딜을 얘기할 때 우리는 한 전문집단의 권고에서 많은 것을 가르침 받고 있다.

최근 세계 각국이 경쟁적으로 내놓는 그린 뉴딜 정책의 원형이 여기서 비롯되고 있음은 전문가 사이에서 공공연한 비밀에 속한다.

영국의 경제·환경·에너지 문제 전문가 10명으로 구성된 GND그룹은 2008년 7월 '그린 보고서'를 통해 전 세계가 기후변화와 화석연료 고갈, 그리고 금융 붕괴를 권고형식으로 발표했다.

이름하여 '3중 대란(triple crunch)'에 대한 준비와 권고다. 이 권고는 그 해 9월 금융위기 발생 두 달 전에 발표한 예측자료였기 때문에 더 의미가 크다.

GND그룹이 3중 대란의 대책으로 제시한 권고사항은 매우 간단했다. 먼저 금융부문에 대한 규제강화를 주문했다.

불황기에는 이자율을 낮추고 통화정책과 정부지출을 늘리는 재정정책을 써야 한다는 경제학자 J.M. 케인즈의 주장을 되풀이하고 있다.

물론 그린 정부의 지출을 어디에 쏟아부어야 할 것이냐 하는 과제가 남는다. 이들은 우선적으로 신재생에너지 비용을 사회 전 분야의 에너지 효율을 높이기 위해 녹색성장산업에 대한 투자를 확대할 것을 권고하고 있다.

우리는 과도한 탐욕의 결과가 경제위기뿐 아니라 지구 환경도 최악의 상황으로 몰고 간 만큼 이를 치유하는 데 써야 하는 당위성을 제시해서.

동시에 권고의 마지막을 이렇게 정리하고 있다.

'트리플 경제위기를 극복하기 위해 각국 정부는 전시 체제를 동원하고 새로운 계층인 그린 칼라(green collar)를 적극 육성하라.'

the voice of business

영국 GND그룹의 권고(?)대로 영국기업연합(CBI)은 이를 비즈니스화하는 첨병으로서 관련기업을 선도하고 있다. 이들은 2007년 4월 이래 지금까지 많은 보고서를 내놓고 이를 현실적으로 접근하는 데 앞장서고 있다.

전 세계에 걸쳐 있는 각국 영국대사관(British Embassy)을 통해 CBI는 지속가능하게끔 기후변화 대응을 능동적으로 대처하는 기민성을 보였다.

앞에서 소개한 두 건의 홈페이지는 객관성을 담보한 그린 라이프스타일 제안이라면 CBI의 기후변화 대응보고서는 군더더기 하나 없이 관련기업들의 영업용 전문적인 데이터로 동참과 이해를 돕고 있다.

CBI 홈페이지를 열면 시간을 상징하는 시그널이 작렬하고 있다. 오는 2020년 영국의 이산화탄소 감축 실적을 카운트다운하기 위해서다. 그 슬로건이 이것이다.

'Will the UK meet its 2020 climate change target?'

특히 CBI 홈페이지에서 기후변화(climate change CBI on)를 클릭하면 최근 발표한 자료까지 일목요연하게 정리해 놓고 있다.

'사전 승인 없는 전체 혹은 일부 내용의 무단 전재와 배포를 금합니다' 라는 메시지로 저작권보호를 받은 보고서임을 밝히고 있다.

이 보고서가 발표된 시점은 2008년 12월이다. 겨우 4쪽 분량의 이 보고서가 지닌 가치는 '포스트 교토의정서'를 염두고 두고 작성한 것이다.

지난해 12월 덴마크 코펜하겐에서 열린 제15차 유엔 기후변화협약 당사국총회는 2007년 12월 '발리로드맵'으로 합의된 내용을 그대로 코펜하겐회의를 전제해서 만든 보고서다. 하지만 '제3차 G20 정상회의' 내용과는 조금 차이가 난다.

이를 요약하면 코펜하겐회의에서 영국기업연합 차원의 선결과제가 되어야 할 문제들을 네 부분으로 나누어 설명하고 있다.

첫째, 장기적 확신을 영국기업연합이 제공함으로써 기업 부분의 기회 창출을 제시한 점이다.

둘째, 효과적인 저탄소 녹색성장을 이끌어낼 시장 메커니즘의 개선과 확대를 논하고 있다.

셋째, 글로벌 그린 마켓에서 영국의 경쟁력을 강화하기 위한 공평한 경쟁의 시장 구축이 선행되어야 함을 주문하고 있다.

넷째, 저탄소 혁신을 추진할 기술투자 활성화를 지금부터 준비하자는 점이다. 그것도 가능하면 착실하게 내실을 거두면서 말이다.

특히 지적재산권의 보호는 저탄소 기술을 위한 협력에서 핵심점인 문제로 발전함을 고려한 대목이다.

이러한 보고서는 영국이 런던에서 지난 2002년부터 최초의 탄소배출권 거래소 개설을 기억해보면 어쩌면 당연한 비즈니스 기회일 뿐 아니라 영국기업연합(CBI)을 출범시킨 배경을 이해하게 된다.

다만 영국 정부의 독자적이고 창의적인 다음 사항과 부합된 다섯 가지 골자를 이루고 있음을 기억할 필요가 있다.

하나, 탄소절감을 실현하는 기업 주도의 정책 해결책 제시다.

둘, 녹색성장을 위한 비즈니스 기회의 소개다.

셋, 탄소배출량 관리에 대한 기업의 실천을 주도적으로 예증시켜 나간다.

넷, 영국 탄소감축 목표 실현을 위한 정부와 기업들의 진행과정을 모니터링하여 도움말을 삼는다.

마지막 다섯, '포스트 교토의정서' 이후 국제기후협약에 영향력 행사는 그린 정책개발과 동시에 그린 제안으로 내실을 기한다는 점 등이다.

소리 없는 전쟁 · 포성 없는 전투

이 다섯 가지 내용은 코펜하겐회의 시대는 소리 없는 전쟁을 예견해 우리 모두를 전율시키고 있다.

페어플레이와 기사도의 상징인 대영제국 신사(紳士)의 이미지는 여기서 찾아보기 어렵게 한다.

그린 뉴딜을 향해 돌진하는 무사들처럼 투쟁적이고 전략적인 냄새를 물씬하게 풍기면서 달려가고 있다.

이산화탄소(경우에 따라서는 CO₂로 표기함) 시대를 기다렸다는 듯이 준비된 기술과 데이터를 통해 국익의 수단으로 삼고 있음이 그렇다. 돈 장사 대신 시대가 요구하는 수준의 CO_2 시대의 강자를 향한 행진곡을 부르는 것이 너무나 대단했다. 다른 한편으로는 무서움마저 안겨오게 했다.

오는 2020년에 이르면 석유수출국기구인 OECD의 총매출을 CO_2 배출량 거래가 추월할 것이라는 점을 기성사실화시키면서 구체적인 통계와 실증을 제시하고 있음도 예사롭지 않다.

한국은 이제 개도국 지위에서 만끽한 탄소배출의무국 배제가 의무할당 국가로 바꾸면서 사정은 달라졌다.

한국의 중장기 온실가스 감축목표가 2020년까지 2005년 대비 4%를 줄이는 안으로 결정되었다. 이러한 결정은 국제사회에서 온실가스 감축의무가 없는 개발도상국들에 요구하는 최대 수준이다.

그만큼 국제질서를 외면할 수 없을 터다. 소리 없는 전쟁터에서 살아남기 위해서는 두 가지 길이 있다.

하나는 보다 능동적으로 CO_2 배출에 대응하는 일이다. 제5차 G20 정상회의 주최국 체면마저 도사리고 있다.

다른 하나는 그동안 조선 · 반도체 · 철강업으로 다져진 제조업에 기반을 둬 영국이 하지 못한 그린 글로벌 마켓에서 승자가 되는 길을 찾아나서는 일이다.

도움말로는 현대자동차가 국내 내수시장에서 뒷심을 기르고 나서 글로벌 마켓에 선전하는 모습은 모범답안이 된다.

비록 시작은 늦었지만 승산의 확률은 영국보다 늦지 않음이 전문가들의 지적이고 동시에 간절한 시대적 요구 사항이 되었다.

글로벌 녹색성장산업은 국내용과는 범위와 깊이가 다르다. 전 세계가 인정하는 기업들이 포진하고 있어 명함 한 장 들이밀기 어려운 것도 사실이다.

그러나 그린 테크놀로지는 새롭게 진화하고 있다. CO_2 주범인 자동차 매연도 리튬이온전지로 다스릴 수 있는 전기자동차에서 그린 코리아의 미래가 보이기 시작했다. 오는 2011년부터 상용화를 천명하고 있다.

굳이 여기서 세계시장 통계를 꺼내 들지 않더라도 미국 GM과 유럽 BMW가 2011년 상용화에 나설 것을 이미 발표한 바 있다.

진실게임이 끝났다 해도 찾아보면 길은 있다. 그 길을 스스로 개척하고 연구해서 기술적 승자가 되는 일에 집중하면 불가능이 가능함을 금과옥조로 삼아야 한다.

이처럼 녹색성장산업에서 한국의 승산이 엿보인다는 점은 긴 가뭄 끝에 단비가 내린 것을 두고 하는 말일 것이다.

하긴 우리의 상대는 영국만이 아니다. 교토의정서가 발효된 1997년부터 일본은 CO₂ 감축에 국력을 모았다. 올해로 13년의 세월과 함께 천문학적인 세금을 쏟아부었다.

그래서 소리 없는 전쟁을 직시해 더 많은 연구와 기술발전에 매진하면 그린 뉴딜의 승자로의 길은 없지 않다.

지구온난화 방지와 기후변화 대응이 대세라면 한강의 기적을 이룬 저력으로 'IT강국 한국' 처럼 다시 뛰어들어도 그렇게 늦지 않을 터다.

비록 진 게임이라도 포기할 수 없는 시대적 상황에서 그린 코리아의 이름을 꼭 등재해야 한다.

이왕 내친김에, 이웃나라 일본의 사례들은 필요조건에 따라 필수코스가 되고 있다. 2010년 그린 뉴딜에서 우리가 무엇을 해야 하는지를 제시한 네 번째 순례지 일본으로 함께 떠나 보자.

4 www.nedo.go.jp

- 37년의 에너지 절약 운동
- 5년의 PI전쟁
- 반년의 그린 정책

1955년 이래 단 한 번도 정권교체를 이루지 못한 정치후진국 일본이 이제 국제사회에서 제 목소리를 내게 되었다.

2009년 8월 30일(일) 실시된 중의원 선거에서 집권 자민당을 누르고 308표로, 그것도 54년 만에 정권교체를 이루어냈다.

국제사회에서 국민은 1위이지만 정치는 항상 3위라는 불명예를 벗어나는 역사적 대사건을 이룩한 국민이 되었기 때문이다.

이로 인해 일본 국가는 부자이지만 일본 국민은 항상 가난하게 살아야 했다는 국제사회의 비아냥에서 얼마만큼 벗어나는 쾌거까지 이루어냈다.

흐르는 물도 고이면 썩기 마련이다. 하물며 54년 동원 한 차례도 전권교체 없이 집권한 자민당은 관료와 대기업들만을 상대로 국정을 사이좋게 나누어 관리했었다.

일본 국민의 전권교체요구는 필연적인 선거혁명으로 발전함을 알 수 있다. 일본 역사에 한 획을 긋는 대사건이다.

그리고 해가 바뀌면서 2010년 7월 참의원 선거를 앞둔 민주당 정권은 집권당답게 녹색성장산업의 전폭적인 지지를 선언해 그린 로드맵을 만들기 시작했다.

고유가에 느긋한 일본 37년 준비

일본 그린 로드맵에서 우리가 주목한 점은 덴마크처럼 1·2차 오일쇼크(73년~75년) 직후부터 꾸준히 추진해 온 일본 정부와 일본 기업의 장기적인 에너지 대책에서 비롯되었다. 그들의 표현대로 37년 에너지 준비가 거둔 에너지 절약정책의 결과다.

일본은 1973년부터 자원에너지청을 신설하고 에너지 절약과 효율화, 그리고 신재생에너지 개발과 해외 유전개발 등 에너지 절약정책을 꾸준하게 추진해 왔다. 그것도 37년 동안 한결같이 실행한 것이다.

한국은 당시 동력자원부를 신설해 운영하다 정부조직 개편에 의해 상공부와 합쳐서 좋은 대조를 이루었다.

장기간에 걸쳐 전략적으로 추진된 일본의 신재생에너지정책은 이번 석유파동 때도 느긋하게 대처하는 모습을 보였다. 에너지 효율을 20~50%

높여 석유소비를 1980년대 수준을 유지하는 성과까지 얻어냈다.

반면 한국은 에너지 정책 비중을 그때그때 바꾸다 보니 꾸준함과 거리가 멀었다. 단순 비교해 '준비' 와 '냄비' 로 구분될 정도다.

5년의 PI전쟁

일본의 하이브리드카 전쟁은 진행형이다. 처음 도요타가 프리우스(prius) 출시와 함께 일본 시장과 북미지역 시장을 석권하기 시작했다.

기술적 한계를 극복한 혼다는 인사이트(insight)로 맞불을 붙였다. 평균화된 하이브리드카 기술적 대비 대신 출고가격을 승부처로 삼아서.

혼다가 대당 189만 엔으로 출고하자 도요타는 '뉴 프리우스' 를 205만엔으로 가격인하를 단행했다.

물론 여기에는 국내 소비 진작을 위해 친환경자동차 구입 시 보조금으로 25만 엔을 지원하는 정책적 배려가 교집합 되어 일본이 친환경자동차 천국으로 발전하게 되었다.

일본을 대표하는 자동차 메이커인 도요타와 혼다가 벌인 하이브리드카 확대전략은 일명 PI전쟁으로 대변된다. 올해로 5년째다.

그러나 일본 자동차 메이커들에게는 최대 고려사항으로는 북미지역은 연비를 꼽는다. 반면 유럽시장은 CO_2 감소다.

이를 함께 충족시키는 플러그인 하이브리드카는 닛산이 선수를 치고

나섰다. 올해 출시를 목표로 뛰고 있다.

이미 닛산자동차는 친환경자동차 개념인 전기자동차 출시를 위해 NEC를 파트너로 삼아 AESL를 출범시켜 '나 여기 있소'를 확인시키고 있다.

미국 GM이 전기자동차 시보레 볼트를 2010년 11월에 첫선을 보일 예정이어서 글로벌 그린 마켓에서 전기자동차 시대가 초미의 최대 관심사항이 되고 있다. 전기차 볼트는 연비 1ℓ 당 98km를 달릴 것으로 발표되면서부터 관심이 높아졌다.

지난 2007년 1월 디트로이트모터쇼에서 처음 공개된 시보레 볼트는 이미 닛산자동차의 전기자동차 리프와 마쓰비시자동차 아이미브에 대한 공격적 홍보전에 돌입한 상태다.

민주당의 그린 정책

교토의정서를 발효시킨 일본에게 그린 테크놀로지는 절체절명의 과제이자 달러박스다. 여기서 과제는 2009년 9월 출범한 하시모토 유키오의 민주당 정부가 발전시켜야 되는 과제를 의미한다.

반면 달러박스는 일본 그린 기업들이 그동안 축적된 기술과 경영노하우를 살려서 달러박스로 결집시킨 일에 해당한다.

과제와 달러박스 확보라는 두 마리 토끼는 자민당 정권에서 승계를 받은 그린 테크놀로지로 구분되는 CCS(Carbon dioxide Capture and Storage) 기술이다.

CCS 기술은 지구온난화의 주범인 CO_2를 땅속에 매장하는 기술이다. 일본을 대표하는 화력발전회사와 석유회사 등 29개 메이커들이 공동출자하여 '일본CCS연구단'을 출범하였고 온실가스 배출량을 획기적으로 감축하는 것을 목표로 삼고 있다.

민주당 정부도 오는 2011년까지 CCS를 보편화하겠다고 최근 니혼게이자신문(日本經濟新聞)이 전하고 있다.

실제로 일본의 화력발전소는 일본 전체 발전량 가운데 25%를 차지할 정도로 높다. 그만큼 CO_2배출량이 많은 것이 문제로 남았다.

그러나 CCS 기술을 통해 CO_2를 땅속에 저장하는 데 성공하면 배출량을 사실상 제로에 가까운 수준으로 끌어내릴 수 있기 때문에 민주당의 의욕도 클 수밖에 없다.

일본 지구환경산업기술연구기관(RITE)에 따르면 일본 국토와 해저를 모두 활용하면 최대 1,500억 톤의 CO_2를 매장할 수 있다고 밝혔다.

이는 일본이 현재 배출하는 CO_2를 100년 동안 모은 양에 해당한다고 한다. 문제는 처리비용이다.

CCS 기술에 대한 실험은 이미 노르웨이나 알제리 등에서 고갈된 유전이나 가스전에 CO_2를 매장하는 실험이 계속되고 있지만 비용문제의 문턱에서 잠시 주춤한 상태다.

역시 지금의 일본 CCS 기술로는 CO_2 1톤을 회수하는 데 소요되는 비용은 4,200엔 선이다. 이를 2,000엔까지 가격인하가 가능하면 이산화탄소배출량거래(CER) 실시에서 우위를 점하는 효과도 기대할 수 있다.

기술개발기구(NEDO)의 업적

다시 정리하자면 제1장 '글로벌 그린에서 우리가 무엇을 할 것인가'를 제대로 설명하기 위해 나는 추진 그린으로부터 시작해 그린 라이프스타일을 새롭게 제시한 그린과 소리 없는 전쟁을 치르고 있는 영국기업연합(CBI)까지 섭렵시켰다.

네 번째 일본 환경기술의 총본산인 기술개발기구(NEDO) 섭렵 없이는 일본 그린 정책과 기술 수준을 가늠하기 어려울 정도로 깊이와 다양성, 넓이와 객관성을 구비한 이 사이트는 전 세계 글로벌 그린 마켓 연구자와 조사자에게 모두 필수적인 체크리스트 대상의 홈페이지다.

NEDO는 일본의 각종 신재생에너지 기술과 정책을 총괄 · 관리 · 감독하고 예산을 지원하는 범국가적 기구다.

앞에서 소개한 세 가지 일본 그린 정책의 이슈화도 여기서 읽고 동시에 느꼈던 자료라는 점을 나는 숨김없이 밝혀둔다.

다른 개념으로 정리하면 지구온난화 방지를 비롯하여 기후변화 대응과 온실가스 감축에 관한 30년 일본의 정책 결정과 관련 기관 운영이 알토란처럼 그대로 녹아 있다는 점이다.

쉽게 요약하자면 선거혁명을 완수한 다음 날 일본 언론매체들은 이렇게 정리했다.

'역사가 움직였다'

이를 다시 패러디하면 '글로벌 그린 마켓도 함께 움직인다' 쯤일 것이다.

5 www.greengrowth.go.kr

이명박 정부의 그린 뉴딜의 핵심 캐치프레이즈인 '저탄소 녹색성장'은 올해로 2년째를 맞고 있다.

이를 구체화하고 있는 녹색성장위원회는 2009년 한 해를 평가하자면 '총론 쓰기'였고 반면 2010년은 '각론 제시'로 평가를 받게 된다.

2009년 9월 이명박 대통령은 '제3차 G20 정상회의'에서 'UN 등록부' 제안과 12월 코펜하겐회의를 위한 녹색성장장산업의 밑그림을 구체화시키는 데 결정적인 역할까지 거론했다. 이게 바로 녹색성장위원회의 각론 제시의 동력이 되었다.

녹색성장 국가전략 및 5개년 계획

이를 증명해주듯 대통령 직속기관인 녹색성장위원회 홈페이지를 열면 첫눈에 정책방향을 제시하고 있다.

효율적인 온실가스 강화를 시작으로 세계적인 녹색성장 모범 국가 구현까지 10개 항목이 일목요연하게 정리되어 있다.

하나같이 이명박 정부가 제안하고 제시한 한국판 그린 뉴딜의 청사진이자 미래 먹을거리로서 기대를 녹아내고 있다.

특히 한국이 녹색성장 모범 국가로 발전할 이정표로서 '녹색성장 국가 전략 및 5개년 목표(Road to Our Future Green Growth)' 발표는 '각론 제시'에서 핵심 내용이 되고 있다.

이를 영문 매뉴얼로 구체화시킨 점을 지켜본 국내외 그린 파워들에게 좋은 반응을 얻어냈음은 물론이다.

2.0 웹을 통한 글로벌 지향의 녹색성장산업 정보

흔하게 우리는 경제주체를 국가·기업·소비자로 나누어 도식화하고 있다. 그린 뉴딜이 이명박 정부의 미래 수종산업의 핵심이 되기 위해서는 이 세 가지 경제주체에 관한 연구와 조사, 그리고 운영(또는 동참)에서 빛을 내야 한다.

따라서 그린 뉴딜을 경제주체별로 나누어서 각론을 만들어 보는 것이 그래서 더 중요해진다.

첫째, 한국판 그린 뉴딜을 제시하는 녹색성장위원회의 역할과 기대는 집중과 선택에서 판가름이 난다.

우선적으로 그린 뉴딜에 동참하고 있는 소비자에서 라이프스타일 제시를 비롯하여 정책 제시와 그린 테크노롤지의 발전 등 다방면에 손을 뻗어야 하는 시대적 요청부터 인식시켜야 한다.

모든 질병은 치료에 앞서 예방이 최대 덕목이며 에너지 문제는 소비보다는 절약에서 길을 찾아야 한다. 이것이 오늘날 그린 정책의 기본 해법으로 발전하는 것이다.

같은 이치로 녹색성장산업에 관한 우리 소비자의 정보는 매우 제한적이다. 하지만 녹색성장위원회와 같은 정부 기관은 2.0 웹의 세계를 향해 정보 안테나를 세우기만 하면 무궁무진하게, 그것도 전 세계를 아우르는 뉴스를 실시간으로 수집·가공을 이루어낼 수 있다.

이를 우리 소비자와 관련 기업들은 녹색성장위원회 홈페이지를 클릭하는 것으로 손쉽게 따끈하고 영양가 높은 그린 정보를 얻게 된다.

둘째, 그린 관련기업들은 이 홈페이지를 통해 전 세계 그린 정보를 조명해 여러 가지 혜택을 받을 수 있다.

우선 좁은 국내 시장 정보를 비롯하여 세계적인 그린 정보와 그린 글로벌 마켓의 변화와 발전, 글로벌 그린 테크놀로지에 의한 기후변화 대응에 나선 국가들의 정책까지 살펴보는 데 제격이 아닐 수 없다.

이런 노력과 정보 제공에서 관련기업들은 비즈니스 모델을 만들 수 있고 동시에 그린 테크노롤지가 얼마나 가치가 있는가를 판단할 수 있다.

예를 들면 기후변화 대응 선진국에서 이미 사양화된 기술을 우리는 지금도 연구하고 상품화하고 있다면 기업의 손해 이전에 국가적 손실로 이어진다는 점이다.

셋째, 기후변화 선진국 못지않게 신흥국가의 동향도 체크리스트에서 배제할 수 없다. 돈이 되는 탄소배출권 거래에서 이들 나라가 달러박스로 떠오르는 것과 무관하지 않다.

녹색성장위원회 홈페이지를 클릭만 하면 '중국 2013년까지 중국녹색성장산업 규모는 1조 달러에 달할 것이다' 라는 외신 기사를 게재하고 있다.

친절(?)하게도 '차이나 그린 테크놀로지 이니셔티브 보고서' 내용임을 밝히면서 이 보고서에 참여한 리처드 글레드힐 PWC 컨설턴트 코멘트도 곁들이고 있다.

넷째, 그린 뉴딜의 미래화 설정이다. 넓은 바다에 나간 배는 오로지 나침판 하나에 의지해서 항해를 계속할 수 있다.

이처럼 한국판 그린 뉴딜의 정책을 수행하는 녹색성장위원회는 향후 10~20년을 내다보고 녹색성장산업을 진흥시키는 기관을 자처하고 있다.

특히 하루가 다르게 발전하는 그린 기술 세계에서 단 한 번의 시행착오나 오판은 경제적인 면에서 큰 손해로 이어진다. 그렇기 때문에 질적으로 검증된 자료 제시로 이를 미리 차단하는 그런 정부기관으로 자리매김해야 한다.

제1장의 결론을 내자면 우리가 살고 있는 세상은 아날로그 시대를 지나 '1'과 '2', 이 두 개만 존재하는 비트로서 디지털 시대로 발전하고 있다.

디지털 시대의 강점은 전 세계 모든 그린 정보를 안방에 앉아서 클릭한 번으로 지구촌 정보를 섭렵할 수 있다는 점이다.

글로벌 그린 마켓을 알고 싶은 소비자를 비롯하여 이를 통해 비즈니스 모델을 만들어야 하는 관련기업들에게는 그린 정보의 공유가 필수적이다.

그래서 나는 손쉽고 돈이 들지 않는 그린 정보의 공유로서 다섯 개의 URL을 소개했다. 예컨대 그린 뉴딜 시대의 강자가 되기 위해서는 이러한 지적 노력에다 정보 안테나를 더 높이는 지혜가 필요한 시대로 규정해도 좋을 것이다.

Chapter 2.
World Green Market News

1 교토 메커니즘

　역사는 과거의 사실에서 오늘을 조명하고 미래를 설계하는 산 교과서다. 우리가 역사를 배우고 연구하는 이유이기도 하다.

　같은 맥락에서 글로벌 그린 마켓을 이해하고 연구하는 데 가장 기본적인 필요조건이 바로 그린 마켓이 어떻게 형성되고 어떤 방식으로 진행되어 결국 미래가 어떻게 발전하느냐를 아는 일이 중요하다. 충분조건을 요구해도 의미는 똑같다.

　따라서 역사적 의미를 앞세운 일이야말로 보통·타당성이 존재한 객관적 데이터로의 초대임에 어느 누구도 부인하거나 이론개진이 어려울 터다.

　예컨대 객관적으로 역사적인 글로벌 그린 마켓의 교과서가 된 여러 가지 국제적 협약 내용을 파악하고 숙지하는 일이 필요하게 된다.

　그런 이유 때문에 유엔기후변화협약의 단초가 된 교토 메커니즘부터 섭렵해 보자.

　우선 본문에 들어가기 전에 역사의 의미를 집대성한 사실(fact)을 살려낸 텍스트로서의 초대로 대접하고 동시에 이해하면 된다.

Kyoto Protocol

일본 교토(京都)는 도시 탄생의 이력을 보면 역사적 도시로 꼽힌다. 그러니까 794년 이후 1,000년이 넘게 일본의 수도였기 때문에 그렇다.

지금의 일본 수도가 도쿄로 옮기기 직전까지 수도로서 기능과 역사를 자랑했다. 하지만 최근 교토는 일본의 옛 수도로서 명성보다는 '교토의정서(Kyoto Protocol)의 교토'로 더 사람들의 입에 오르내리고 있다.

일본 옛 수도였던 교토를 떠나서는 교토의정서에 의해 글로벌 그린 마켓 형성을 이해할 수 없다. 이를 배경음악처럼 밑에 깔고 듣는 가운데서 그린 메이커들이 새로운 비즈니스 기회로 삼고 있다는 점이 바로 역사적 대사건(?)이 되었다.

올해로 13년째인 지난 1997년 12월 교토에서 교토의정서가 처음 채택되었다. 지구온난화 방지를 위해 사상 최대의 국제 환경협약이 탄생되었다.

하지만 미국의 반대로 실현이 미뤄지다가 2004년 11월 러시아가 교토의정서를 비준함에 따라 발효요건이 충족되는 등 일련의 저항도 만만치 않았다.

비준국은 한국을 포함해 141개국에 이르고 여기서 선진국 그룹은

2012년까지 CO₂ 배출량을 1990년 기준치보다 5.2% 줄여야 한다.

이를 달성하지 못하면 목표를 초과달성한 기업이나 의정서에 저촉을 받지 않는 개발도상국 기업들 등에 돈을 지불하고 탄소배출권을 사야 한다.

선진국은 '짐', 개도국은 '덤'

2005년 2월 16일 교토의정서가 발효되는 시점에서 외국 언론들의 반응은 각기 다른 목소리로 표출되었다.

예를 들면 일본은 교토의정서 주최국답게 온실가스 감축에 적극적으로 나설 것을 천명했다. 2003년 현재 일본의 온실가스 배출량은 13억 3,600억 톤이다. 1990년 대비 6%를 감축해야 하는 삭감의무와는 달리 거꾸로 8% 증가한 수치다. 당연히 일본으로써는 발등에 불이 떨어진 형국이다.

결국 환경보호와 경제발전이라는 동시 목표를 달성하기 위해서는 장벽이 높다는 점에서 '짐'이 될 수밖에 없었다.

그러나 지구온난화 열섬 현상으로 평균 기온이 3도나 오른 도쿄의 경우 도내 전력회사에 CO₂ 삭감목표를 담은 계획서를 의무화시켰다.

EU는 교토의정서 이행을 위해 종합적인 '유럽기후변화대책기구(ECCP)'를 세워 기후변화 대응을 시작했다.

영국은 이를 위해 기후변화세를 도입하고 국내에서 온실가스 탄소배출권 거래제를 확대하는 구체적인 방향까지 제시했다.

1차 대상국에서 제외된 한국은 현재 개발도상국 그룹에 속해 있다. 교토의정서 1차 공약기간(2008년~2012년)에서 온실가스 감축 대상국에서 제외된 상태다. 그러나 2차 의무감축기간(2013년~2020년)에는 온실가스 감축의무를 이행해야 할 것으로 정부는 판단하고 있다. 2005년 2월 시대상황이 그렇다는 얘기다.

후쿠다 야스오(福田康夫) 그린 비전

일본은 교토의정서 체결국답게 그린에 앞장서고 있다. 당시 총리였던 후쿠다 야스오는 일본국 주도로 '온실가스 감축 실천 로드맵'을 발표했다. 2008년 6월 9일의 일이다.

후쿠다 총리는 이날 일본기자클럽에서 중장기목표로 2020년까지 온실가스 배출량을 2005년 대비 14% 줄일 계획이라고 밝혔다.

특히 후쿠다 총리는 이날 저탄소 녹색성장 사회의 실현을 '혁명'으로 비유하여 태양광주택의 확산과 차세대 자동차 보급 등을 사례로 들면서 온실가스 감축을 국민운동으로 승화시킬 것을 강조했다.

정리하자면 후쿠다 야스오 총리의 그린 비전을 역사적 관점에서 다시 읽어보면 최근 출범한 민주당 하토야마 유키오 정부에도 그대로 이어지고 있다는 점이 교토의정서의 정신과 일맥상통하는 것을 알 수 있다.

한마디로 교토 메커니즘의 탄생과 비전은 일본이 환경기술을 통해 자

국의 위상 확보와 함께 친환경 1등 국가로의 변신을 기대하고 있음을 알
수 있다.

재단법인 지구환경전략기구

(IGES-Institute for Global Environmental Strategies)

1등극으로의 변신을 위해 일본 정부는 IGES를 통해 '교토 메커니즘'
을 발표하기에 이른다.

2009년 8월에 발표된 11판은 모두 108쪽으로 되어 있고 이해하기 쉽게 도표로 정리한 점이 독특했다.

특히 글로벌 그린 마켓의 주요 아이템인 청정개발체제(CDM : Clean Development Mechanism)를 비롯하여 탄소배출권 거래(CER : Certified Emission Redution)까지 수록한 점은 차별성 확보로는 설명이 부족하고 글로벌 그린 마켓을 크게 조망하는 압권으로 인정하게 한다. 그래서 포스트 교토의정서의 교범으로 교토 메커니즘은 더 빛이 나고 활용의 가치를 인정받게 되었음은 물론이다.

2 발리 로드맵

2007년 12월 3일부터 15일까지. 당초 예정은 14일까지이지만 하루를 더 장장하여 합의를 도출한 발리 로드 맵. 공식명칭은 '발리 유엔기후변화협약회의' 다. 발리 유엔기후변화협약회의가 난항을 거듭한 것은 EU가 교토의정서에서 탈퇴한 미국에게 교토의정서에 상응한 감축조치를 강하게 요구했기 때문이다.

미국 부시 행정부에 기준 요구치를 완화하라고 맞선 것이 가장 큰 이유였다. 하지만 나머지 쟁점은 모두 타결이 된 상태였다. 이에 따라 2013년 이후의 온실가스 감축량을 정하는 협약규정인 '발리 로드맵' 의 윤곽이 드러나기 시작했다.

발리 로드맵 개요

각국 협상 관계자들은 2012년 종료되는 교토의정서를 대체할 새로운 기후변화협약을 만들기 위해 협상한 결과 2009년 12월 덴마크 코펜하겐에서 열릴 '15차 유엔기후변화협약 당사국총회' 이전까지 협상안을 만들자는 데에는 합의를 도출했다.

이보 드 보어 유엔기후변화위원회(IPCC) 사무총장은 "당사국 대표들이 이번 회의를 통해 새로운 협상들을 내놓기 위해 최선을 다하고 있다"는 멘트대로 발리 로드맵의 개요는 다음처럼 발표될 수 있었다.

하나, 협상시한은 2009년 12월까지로 정한다.

둘, 주요 협상 부문은 온실가스 감축을 비롯하여 기후변화 대응과 환경기술 개발, 재원조달과 산림훼손 분야로 나누어서 협상을 구체화한다.

셋, 합의 절차는 선진국에 대한 추가 의무 설정작업 문제와 함께 의무 설정작업에 제외된 국가들의 참여 문제를 동시에 진행하는 일 등이다.

발리 로드맵에서 담긴 분야별 네 가지 의견 접근

결국 발리 총회의 로드맵의 협상 백미는 분야별 네 가지 의견 접근을 이끌어낸 점이다.

이를 요약해보면 첫째는, 2013년 이후에는 개발도상국의 감축이 필요하다는 전제를 깔고 선진국 그룹과 개도국 그룹으로 이원화(二元化)해서 협상을 벌이기로 했다.

둘째는, 선진국들은 교토의정서에서 정한 '1990년 대비 5.2% 감축' 보다 더 강력한 감축안을 마련하기로 했다. 대신 개도국들은 국가별로 자발적인 감축목표를 정하도록 했다.

개도국들이 기후변화로 얼마나 큰 피해를 보고 있는가를 평가하고 동시에 얼마나 대응능력을 키우기 위해 국제협력을 준수하는 가를 지켜보는 일이다.

마지막 셋째는, 온실가스 감축에 따른 경제적 피해를 줄이는 데 활용할 기금을 확보한 한편 온실가스를 줄이는 개도국들에게 인센티브를 주기로 합의했다.

발리 로드맵에서 처음 그린 머니 동출

2007년 12월 8일 오후 8시(현지시각).

발리 인터내셔널 컨벤션센터 제2회의장에서는 190여 개국 대표 대부분이 참석한 가운데 하루 종일 벌어진 격론에 종지부를 찍었다.

글로벌 그린 마켓 형성에 가장 중요한 안건으로 떠오른 그린 머니에 대한 합의 도출이 있었다. 지구온난화 방지를 위해 모으는 기후적응기금의 관리를 누가 맡느냐에 관한 논란의 종지부를 결정했다.

CO_2를 줄이는 데 따라 피해를 보는 개발도상국들을 지원하는 기후적응 기금 관리주체는 지구환경기금(GEF)과 함께 세계은행을 포함하는 것으로

결론이 났다.

유엔 추산으로 2015년 860억 달러가 필요한 기후적응기금의 관리를 통해 각종 개발 사업을 지원해 온 세계은행이 참여하게 된 것이다.

교토의정서에도 기후적응기금을 마련한 규정이 없지 않았다. 당시까지 걷힌 돈은 약 6,700만 달러였다.

하지만 2013년 이후 온실가스 감축목표가 크게 강화되면 기금 규모는 수십 배로 증가될 것이 예상되었다.

유엔은 2012년을 기준으로 연간 CO_2 2억 2,800만 톤에 해당하는 탄소배출권(CER)이 공급될 것으로 내다보고 있다.

가격 변동이 있지만 1톤당 10달러 정도로 계산해도 연간 28억 달러에 달한다고 한다.

이와 관련해 유엔은 2015년을 기준으로 기후변화와 관련된 개도국의 각종 재해방지와 신재생에너지 개발, 그리고 빈곤퇴치 등에 860억 달러의 기금이 필요할 것으로 추산하고 있다.

특히 발리 로드맵 도출이 포스트 교토의정서의 가이드라인이 될 뿐 아니라 그린 머니의 규모와 성격 등을 도출시킨 점에 더 무게를 두고 있다.

향후 기후적응기금을 바탕으로 개도국의 온실가스 감축사업이나 물 부족 해결과 같은 기후변화 적응사업이 본격화되면 선진국에서 거둬들인 이 엄청난 그린 머니가 개도국에 쏟아지게 된다.

따라서 발리 로드맵 도출에 참석한 한국 대표들은 이 그린 머니가 한국 경제의 미래를 좌지우지할 수 있다고 전망했다.

예상을 비약시키면 개도국에 지원되는 수십억 달러 규모의 사업 가운데 일부를 한국이 맡으면 '제2 중동건설 특수'를 기대할 수 있다는 점을 계산한 기대로 볼 수 있다.

믿거나 말거나가 아니라 코펜하겐회의의 협의가 본격 발효되면 이게 현실화되는 일은 시간문제일 뿐이다.

그래서 한국 그린 관련기업들은 좁은 국내 시장보다는 국외로 향하는 미래 전략을 세우는 일이 필요하게 되었다.

바로 여기에 필요한 전제조건은 이 책의 메인 콘셉트인 글로벌 그린 마켓에 대한 조사와 연구, 그리고 기술적 접근방법을 제시하는 일과 동격이자 같은 맥락이 된다.

올해로 3년 전인 인도네시아 발리에서 도출한 발리 로드맵을 새롭게 조명한 이유가 바로 여기에 있다.

3 The Copenhagen Call

2009년 12월 7일부터 18일까지 덴마크 코펜하겐에서 열린 '제15차 유엔기구변화협약(UNFCCC) 당사국총회(COP15)'가 역사적 대단원을 내렸다.

여기서 '역사적 대단원'은 65억 지구촌 소비자의 미래와 직결되는 '지구온난화 방지'와 '기후변화 대응', 그리고 '온실가스 감축' 등 3대 과제를 전 세계 105개국 정상과 192개국 국제기구 대표 등 2만여 명이 모여 '포스트 교토'를 합의한 자리를 지칭한다.

이를 통해 지금까지 세계 환경질서인 교토의정서 협약이 마감되고 새로운 질서가 시작되는 역사적 사건이 되기 때문이다.

역사적 사건이 되기 위해서는 전제조건이 충족되어야 한다. 지금까지 각국 정부 주도의 환경질서였기 때문에 관련 기업들의 참여 여부가 관건이 되었다.

이를 충족시키는 데 기업인 참여를 공식적으로 선언한 대회가 바로 기후변화 기업 정상회의다.

15차 총회를 7개월 앞둔 지난 2009년 7월 26일 덴마크 수도 코펜하겐에서는 전 세계 500여 개 기업이 참석한 가운데 역사적 사건에 한 획을 긋게 되었다.

'기후변화에 관한 세계 기업 정상회의'는 15차 총회에서 CO_2배출 감축합의를 촉구하는 내용을 담는 '코펜하겐 선언(Copenhagen Call)'을 채택했다.

코펜하겐 선언은 각국 기업과 기업인이 CO_2 배출 감축협상을 지원하고 구체적인 감축합의를 도출할 수 있도록 이제는 기업들이 적극적으로 나서겠다고 천명했다. 지금까지는 정부 주도의 세계 환경질서였지만 이제부터는 그린 관련기업이 동참하겠다는 선언적 기업의 목소리로 정리해도 좋다.

이에 따라 글로벌 환경 신질서를 위한 15차 당사국총회에 대한 기대를 읽게 함을 의미한다.

World Business Summit on Climate Change

따라서 15차 당사국총회를 목전에 든 시점에서 여전히 각 나라 의견 차이가 확연하게 드러난 상태이지만 글로벌 그린 기업들의 참여로 최종적인 합의 가능성을 높였다는 평가를 받게 되었다.

기후변화 기업 정상회의에 라스 뢰케 라스무센 덴마크 총리가 참석한 가운데 열린 폐막식에서 500여 개 글로벌 그린 기업들은 '코펜하겐 선언'

을 채택하고 막을 내렸다.

코펜하겐 선언은 CO_2 감축 논의가 전 세계 각국 시장에 보급되어야 하고 이를 위한 메커니즘 확립을 위해 기업들이 나설 것을 한목소리로 선언한 자리였다.

코펜하겐 선언은 또 전 세계가 기후변화에 공동대응하기 위한 기술개발이 얼마든지 가능하며 기술개발과 지원문제를 함께 논의할 수 있다는 의지를 피력했다.

더 깊게는 글로벌 녹색성장산업이 성장하기 위해서는 우선적으로 신재생에너지 개발기술이 시장성을 지닐 수 있도록 '규모의 경제'를 이루는 데 각국 정부의 역할을 주문하기도 했다.

기후변화 기업 정상회의에서 채택된 코펜하겐 선언은 지지부진하게 전개되고 있는 국가 간 CO_2 감축 논의를 민간 부문이 직접 압박하고 나선 것으로 구분할 수 있다.

특히 이브 드 부어 유엔기후변화협약(UNFCC) 사무총장은 "오는 12월 열릴 제15차 총회에서 전 세계는 반드시 공동 합의를 이루도록 하고 동시에 이룰 수 있을 것이다"라고 강조했다.

이를 화답하듯 전 세계적인 에너지 기업 BP의 토니 헤이워드 CEO는 "이제 서로 다른 신재생에너지의 조합이 대세이며 이를 위해서는 기업과 정부, 기업과 지방자치단체 간 지속적이고 강도 높은 협조체제 구축이 선행되어야 할 것이다"라고 설명했다.

세계 광고인 동참 러시

코펜하겐 선언에서 가장 돈맛에 적극적인 광고회사의 동참이 두드러졌다. 세계가 인정하는 광고대행사 WPP와 사치&사치의 동참은 향후 기후변화대응 비즈니스에서 이들의 활약상을 기대하게 만들고 있다.

세계를 유혹하는 데 특출한 광고회사 러시는 그래서 기후변화 대응 비즈니스가 주목의 핵이 될 수 있음을 간접 증명한 셈이다.

영국 광고회사인 WPP의 마틴 소렐 CEO는 "미국 월마트 소비자를 대상으로 조사해 보니 40%의 가격을 더 지불하더라도 친환경제품을 구매할 용의가 있다는 결과가 나왔다"며 "이러한 소비자 변화에 주목할 필요가 생겼다"고 강조했다.

다른 다국적 영국 광고 사치&사치의 애덤 버바흐 CEO는 "단 하나뿐인 지구를 후손에게 그대로 물려주기 위해서는 기후변화 대응에 관한 선언적 메시지답게 전 세계 소비자가 적극 행동에 나설 수 있게 사회적인 운동이 필요하다"고 주문했다.

'플래닛 퍼스트' 녹색경영 선포

코펜하겐 선언이 발표된 이후 2개월인 2009년 7월 20일.

무대는 서울 서초동 삼성전자 신사옥.

이 날 이윤우 삼성전자 부회장을 비롯하여 김형국 녹색성장위원회 위원장과 이병욱 환경부 차관 등 250여 명이 참석한 가운데 녹색경영 '플래닛 퍼스트'를 선포했다.

삼성전자는 오는 2013년까지 2008년 대비 온실가스 배출량을 50% 줄이겠다고 선포한 자리였다.

이를 실천하기 위해 최우선적으로 녹색경영을 위한 연구개발(R&D)과 녹색사업장 구축에 2013년까지 5조 4,000억 원을 투입할 것을 발표했다.

녹색경영 비전으로는 제품 생산부터 소비자에게 이르기까지 모든 과정에 걸쳐 친환경 혁신활동을 통한 가치 창조로 정했다.

이에 따른 실천 모드의 슬로건을 '플래닛 퍼스트(Planet First)'로 정했다.

기후변화 대응 기업 정상회의에서 채택된 '코펜하겐 선언' 처럼 삼성전자는 구체적인 두 가지 실천사항을 제시하기도 했다.

하나는 향후 5년 동안 소비전력을 40% 줄이고 대기전력을 1W에서 0.5W로 낮춰 온실가스 배출량을 8,400만 톤 줄이는 일이다.

이를 위해 미국 에너지 마크 인증을 100% 획득하고 2013년까지 이를 유럽과 중국 등으로 확대할 계획이다.

다른 하나는 친환경 제품인 '굿 에코' 제품도 현재 50%에서 100%로 확대 실시를 포함했다.

이를 정리하자면 삼성전자는 코펜하겐 선언을 모티브로 삼아 지금의 온실가스를 절반 수준으로 줄여서 녹색경영에서 최강자가 되는 일에 앞장서겠다는 의지로 해석할 수 있다.

결국 코펜하겐 녹색바람은 서울 서초동 우면산에도 불어오고 있음을 알 수 있다.

4 새롭게 주목받는 코펜하겐회의

북유럽의 출장길에는 언제나 설렘이 있어서 좋다. 뭔가 재미있는 일이 생길 것만 같고 좋은 비즈니스 기회를 얻을 수 있다는 기대가 앞선다.

지난해 12월 7일부터 18일까지 덴마크 코펜하겐에서 열린 '제15차 유엔기후변화협약 당사국총회'에 참석한 인사들에게도 같은 감회로 다가왔을 것이다. 비록 다른 감회라 해도, 다른 이유라 해도, 다른 관점이라 해도 전 세계인이 주목한 역사적 사건이기 때문에 그 의미는 강할 수밖에 없다.

새롭게 주목을 받는 이번 코펜하겐회의는 많은 국제회의와 토론에 의해 다듬어지고 토대가 세워져 결국 하나의 어젠다 커뮤니케가 성립될 수 있었다.

토대가 제대로 골격을 이룬 데는 다섯 가지의 역사적 국제회의가 그 밑바탕에 깔렸다고 볼 수 있다. 예를 들면 1997년 '교토의정서' 채택을 비롯하여 2007년 인도네시아 '발리 로드맵' 발표와 2009년 7월 '기후변화에 관한 세계 기업 정상회의', 그리고 '제3차 G20 정상회의'와 '제15차 유엔 기후변화협약 당사국총회'에서 합의된 내용 등을 꼽고 있다.

성장의 한계(The Limits Growth)

돌이켜보면 우리가 살고 있는 지구에서 기후변화와 지구온난화, 물 부족과 기근 등 자연재해가 빈번히 일어나고 있다.

이미 1990년 미국 환경학자 도넬라 메도스는 그의 저서 〈성장의 한계〉가 발행되자 세계는 큰 충격에 빠졌다.

특히 메도스는 이 책을 통해 '경제성장을 억제하지 않으면 21세기 후반에는 천연자원이 고갈되고 인류와 지구는 파멸을 맞을 것'이라고 예견했었다.

따라서 각국은 앞다퉈 경제성장에 매진을 지상과제로 삼았다. 그 결과는 어떻게 돌아가고 있는가. 어떻게 악화하고 있는가. 어떻게 대응하고 있는가.

환경 개발도상국들은 그동안 선진국들이 자원을 남용한 탓이라며 몰아세웠고 반면 환경 선진국들은 최근 급성장한 개발도상국들의 책임도 만만치 않다고 우겼다.

2008년 식량위기 때도 "중국과 인도의 중산층이 고기·치즈 등을 많이 먹어 댄 탓이다"라고 책임을 회피하자 "뚱보 미국인들이 다이어트만 해도 기아문제는 해결될 수 있다"라고 맞받아쳤다. 양측의 유치한 감정싸

움이 지금도 불을 붙이고 있다.

이렇게 티격태격하는 사이 지구는 점점 더 골병이 들고 있다. 도넬라 메도스가 예견한 대로 지구는 태풍과 쓰나미와 같은 자연재해를 거듭 당하고 있다.

'모든 세계인이 미국인처럼 살려고 한다면 지구가 두세 개 있어야 할 것이다'라는 세계자연보호기금(WWF)의 경구가 더 진하게 느껴지고 있다.

이번 코펜하겐회의 이후, 2010년 4월 서울 코엑스에서는 유엔환경계획(UNEP) 및 유엔글로벌콤팩트가 후원하는 기업환경정상회의가 열린다.

이 회의에 글로벌 기업인들이 참가해 코펜하겐회의 이후 글로벌 기업들의 대응전략을 논의할 예정이다.

사실 이런 기업단위 세계회의는 점점 늘어나는 추세다. 글로벌 금융위기 이후에 강조되는 것이 기업의 사회적 책임이다.

이 가운데 특히 기후변화 대응에 관해서 우리 기업들도 적극 참여해 녹색성장에서 새로운 기회를 찾고 세계적 동향에 눈떠야 할 것이다.

결론적으로 제2장의 글로벌 그린 마켓 뉴스는 코펜하겐회의 이후를 철저하게 준비해야 하는 우리 기업들의 다짐에 관한 내용으로 구분될 수 있다.

Chapter 3.
글로벌 그린 마켓에 부는 여러 가지 바람

1 글로벌 그린 칼바람 - 미국 vs 중국

2010년 전 세계적인 화두는 그린 그로스(green growth)다. 산업이 발전함에 따라 여러 가지 환경오염물질이 발생하여 이제는 지구 전체의 기후변화를 일으키는 상황을 맞고 있다. 따라서 선진국 그룹과 개발도상국 그룹 사이에 전개되는 이해바람으로 시작해 관련기업들의 기술적 선점에 이르기까지 다양성과 복잡성이 가미된 복합바람일 수 있다.

교토의정서 발효 시점에는 글로벌 그린 마켓은 '기후변화 경제학' 수준이었다. 하지만 올해 들어 국가는 국가대로 기업은 기업대로 그린 단체는 관련 단체대로 합일을 모르는 듯 오직 하나뿐인 이해득실 추구는 물론 수익성 극대화에 이르기까지 천의 얼굴에 가까운 그린 바람을 맞고 있다.

특히 글로벌 그린 마켓에 불고 있는 녹색바람에는 봄바람과 같은 훈풍이 있는 반면 시베리아에 불고 있는 칼바람에다 그냥 버려진 땅으로 간주된 사막 바람까지 변화무쌍하다.

왜 그린 바람이 각기 다른 모습으로 지구촌을 달구고 있을까. 지금 왜 그린 바람이 칼바람이 되었을까. 에너지 절약의 히트 상품인 전기자동차에 부는 리튬이온배터리 바람의 끝은 과연 어디일까.

이해당사국의 그린 온도 차이

'그린환경전쟁(green economy war)'의 전운(戰雲)은 3년 전으로 거슬러 올라간다. 2007년 12월 발리 로드맵 발표를 앞두고 벌린 이해당사국 사이에서 이미 온도의 차이를 보였다.

발리 총회에서 EU가 강력한 온실가스 감축안을 밀어붙이려 했던 것에는 경제적 이해득실이 강하게 깔렸다.

지구온난화 방지와 기후변화 대응, 그리고 온실가스 감축까지 '지구촌 환경문제'로 포장해서 말이다.

우선적으로 EU는 미국과 캐나다보다 뛰어난 에너지 관련기술로 재무장해 글로벌 그린 마켓을 석권하려는 계산이 깔렸다.

EU 가입국에는 전력·가전 부문에서 높은 에너지 효율을 자랑하는 독일을 비롯하여 전체 발전량의 25%를 차지할 정도로 풍력발전기술이 뛰어난 덴마크와 원자력 발전 비율이 70%가 넘는 프랑스가 버티고 있다.

제조업 비율이 17%에 불과한 영국은 금융부문을 통해 탄소배출권 거래시장을 석권하겠다는 생각을 가지고 있었다. 이번 글로벌 금융위기를 겪으면서 영국은 애써 숨기지 않고 글로벌 그린 시장 선점을 위해 민·관·학이 함께 뛰고 있다. 영국대사관이 설치된 나라마다 영국기업연합 뉴스레터를 상비시켜 이해를 돕고 있을 정도다.

대신 에너지 소비가 많은 미국과 캐나다는 에너지 효율이 높아 온실가스 감축 여력이 별로 없어서 구체적인 감축 목표를 정하는 것을 반대해 왔었다.

하지만 방법론에서 점수를 얻고 있었다. 경제성장은 그대로 추구하고 대신 배출된 온실가스를 모아서 바다 밑 땅속에 저장하는 환경기술로 해결하겠다는 의견 개진을 내세웠다.

대표적인 개발도상국인 방글라데시는 '자신이 지구온난화의 무고한 희생자'라고 목소리를 높였다.

2007년 11월 15일 들이닥친 사이클론 시드르 피해를 비디오로 들고 나온 칼림 방글라데시 환경산림부 고문마저 "방글라데시는 1인당 온실가스 배출량이 145kg에 불과하지만 선진국 탓에 엄청난 고통을 겪고 있다"면서 "재해복구 지원을 촉구"하기 시작했다.

이처럼 이해당사국 사이의 그린 온도차는 달라 매우 각각이었다.

2009 Cool War

하지만 글로벌 그린 마켓에 부는 칼바람의 진원지는 미국과 중국이다. 이 두 나라는 지구촌 온실가스의 40%를 내뿜는 그린 열등국가들이다.

때문에 미국과 중국이 온실가스 감축에 합의해주지 않으면 매일 뜨거

워지는 지구를 식힐 방법이 없다.

최우선적으로 미국과 중국 두 나라 사이에 맺을 온실가스 감축안에 관한 협상이 결렬되면 유럽을 제외한 여러 나라도 '지구를 위한 서약'에서 발을 뺄 게 분명하다.

2009년 6월 어느 날.

온실가스 감축을 위한 미국과 중국 대표단은 베이징에서 협상 테이블에 마주 앉았다.

과거 냉전시절을 떠올릴 만큼 분위기는 살벌하고 치열했다.

외신은 일제히 '세계사에서 가장 복잡한 외교협상 중 하나가 될 것이다' 라는 예측기사를 전 세계에 타전하기 시작했다.

'지구 식히기' 의미를 덧붙여 이렇게 헤드라인을 삼았다.

'Cool War가 시작되었다.'

다음날 외신의 멘트도 의원의 주도로 마키카 미·중 기후협상을 두고 한 말을 패러디했음이 밝혀졌다.

마키카 미국 하원의원은 미국 에너지 법안을 공동발의한 주인공이다.

외신이 전하는 양국의 힘겨루기를 접하면 글로벌 그린 마켓에 부는 칼바람은 시베리아에서 부는 강추위라도 이보다 더 춥지는 않을 것이다.

미국과 중국의 협상 내용을 국내 한 언론매체는 이렇게 패러디해서 분위기와 미래 전망을 가늠케 했다.

미국 : 중국은 의무적인 감축 목표치를 제시하라. 그래야 우리도 코펜하겐회의에서 온실가스 감축 목표치를 제시할 수 있다.

중국 : 감축 의무는 못 한다. 대신 자체적인 목표치를 세워놓고 지켜나가겠다.

미국 : 그걸 어떻게 믿느냐. 국제적으로 의무화하지 않으면 검증할 방법이 없지 않으냐.

중국 : 역사적으로 온실가스를 누가 많이 배출해 왔느냐. 서방 선진국이 아니던가.

미국 : 현재가 중요하다. 국내총생산 규모를 생각할 때 중국은 미국과 EU의 4배나 더 내뿜고 있다.

그린피스 보고서

2009년 7월 28일.

미국과 중국이 처음으로 베이징에서 온실가스 감축 협상 테이블에 앉은 한 달 다음의 일이다.

세계적인 환경감시단체인 그린피스는 '환경을 오염시키는 전력 − 중국의 전력회사 분석'이라는 보고서를 발표했다.

보고서의 결론은 중국 전력의 60%를 공급하는 10대 회사가 중국 석탄의 20%에 해당하는 5억 9,000만 톤을 소비해 CO_2 14억 4,000만 톤을 배출하고 있다고 했다.

이를 두고 블룸버그통신은 '중국의 배출가스로 인한 환경손실금은 130억 달러에 이른 것이다' 라고 전했다.

특히 화넝(華能)과 다탕(大唐), 그리고 귀뎬(國電) 등 3대 전력회사의 연간 CO_2 배출량은 7억 6,900만 톤에 이른다. 이 수치는 영국 전체의 CO_2 배출량 6억 2,380만 톤보다 1억 4,520만 톤보다 더 많은 수치다.

그린피스 보고서의 백미는 미국과 중국 두 나라 사이에 불고 있는 칼바람의 예고편임을 암시하고 있었다.

예를 들면 중국 전력회사는 발전 효율이 낮아 킬로와트시(kWh) 당 CO_2 배출량은 752g이다. 반면 미국은 625g이다.

단순계산해도 킬로와트시에서 127g의 차이를 보였다. 일본은 418g임을 감안할 때 752g은 대단한 배출량이다.

중국 정부도 교토의정서를 의식해 지난 4여 년 동안 호주 전체 발전량과 맞먹는 54기가와트(GW) 규모의 저효율 석탄발전소를 폐쇄한 바 있다.

하지만 총 발전량 가운데 10% 이상을 신재생에너지에서 얻고 있는 기업은 10대 전력회사 가운데 3곳에 그칠 뿐이다.

그린피스 보고서는 중국은 인구가 많아 1인당 CO_2 배출량으로는 선진국에 못 미치지만 총량이 막대해 2008년부터 최대 배출량 국가로 올라섰다고 결론짓고 있었다.

중국은 온실가스를 줄이더라도 2050년부터

　그린피스 보고서가 나온 직후 중국 정부는 온실가스 배출과 관련해 처음 정부 차원의 공식 청사진을 발표했다.

　중국의 경제발전 부서인 국가발전개혁위의 쑤웨이(蘇偉) 기후변화대응국 국장은 영국 파이낸셜타임스(FT)와의 인터뷰에서 "중국은 2050년이 되면 중국의 온실가스 배출량은 더 이상 늘어나지 않을 것이다"라고 밝혔다.

　쑤 국장의 발언은 "중국은 여전히 경제성장이 필요하며 동시에 지금 온실가스 배출 상한을 논하는 것은 시기상조다"라는 중국 당국의 기존 입장을 재확인시켜 주고 있었다.

　우리는 지금까지 글로벌 그린 마켓에서 불고 있는 칼바람의 진원지 당사국 미국과 중국의 실상을 접했다.

　베이징에서 열린 양국 협상 테블 스케치에서부터 그린피스 보고서를 들춰보고 중국 기후변화대응국 쑤 국장의 멘트까지 들었다.

　예상 이상으로 두 나라 사이의 환경해결문제의 접근방식과 이해득실에서 상대한 차이와 논의가 필요함을 느끼게 된다.

　그래서 외신들은 이를 두고 '2009 Cool War'로 정리한 것에 대한 이해의 폭을 가늠케 하고 있다.

2 글로벌 그린 사막바람
- 모하비 VS 사하라

　지금과 같은 글로벌 녹색바람은 어느 누구도 예상하지 못했다. 2008년 9월 글로벌 금융위기를 맞으면서 너나없이 국가 부도부터 걱정하지 않을 수 없는 분위기가 팽배했다.

　이번 글로벌 금융위기는 100년에 한 번 올까 말까 한 세기적 위기가 될 것으로 예상되었다. 하지만 햇수가 두 번 바뀌면서 위기가 진정된 국면을 엿보였다. 위기를 기회로 가늠하는 국가마저 없지 않다.

　그렇다면 글로벌 경제가 이번 위기를 이처럼 빠르게 극복한 이유는 무엇일까.

　도움말로는 폴 크루그먼 미국 프린스턴대학교 교수는 한마디로 '큰 정부' 때문에 가능했다고 진단했다.

　하긴, 각국 정부가 천문학적인 자금을 동원해 금융시장을 안정시키고 경기부양책을 실시함으로써 파국을 막았다는 얘기로 풀이된다.

　실제로 미국은 경기부양을 위해 2009년 2월 7,870억 달러의 경기부양안을 계획하면서 태양열과 풍력발전 등 신재생에너지를 생산하는 메이커들에게 인센티브를 지급하는 내용을 포함시켰다.

이와 더불어 선진국 그룹에 속한 각국 정부는 G20 등을 통해 공조에 나서는 것에서 조기 진화에 보탬이 되었다.

물론 오바마 행정부의 그린 뉴딜은 시의적절한 대응책으로 평가를 받을 수 있었던 것이다.

그린 뉴딜 USA – 모하비 사막

미국 남서부의 캘리포니아 주와 네바다 주, 그리고 유타 주와 애리조나 주 등 4개 주에 걸쳐 있는 모하비 사막은 그동안 버려진 불모지였다.

남한 면적의 절반이 넘는 5만 7,000km²에, 푸른 하늘과 누런 사막뿐이던 이곳에 그린 골드러시가 시작되었다. 그린 뉴딜의 실험장으로서 목하 전 세계인의 주목을 받고 있다.

모하비 사막은 배후 4개 주의 인구가 남한 인구와 맞먹는 4,600만 명에 달하고 로스앤젤레스와 샌디에이고 등 대도시가 가까이 있어 전력수요자 입지마저 안성맞춤이다.

구름 한 점 없는 하늘에서 무한정 햇빛이 쏟아지는 천혜의 조건이 갖추어졌다. 외부 소비(out spend)와 외부 생산(out product)이 고루 갖춘 셈이다.

국제에너지기구(IEA) 발표대로라면 전 세계에 걸쳐 2020년까지 태양에너지 시장규모가 450억 달러에 달할 것으로 예상되는 가운데 '에너지 대박'을 노리는 대기업과 벤처기업들이 태양발전단지 건설을 위해 몰려들고 있다.

미국 연방 토지관리청(BLM)은 이 지역에 접수된 토지임대신청이 2여년 사이 199건이 접수되었다고 밝혔다. 환경파괴와 물 부족 문제 해결이 벌써부터 대두되고 있는 실정이다.

태양발전 러시

미국 국립 재생에너지연구소(NREL)는 이론적으로 모하비 사막을 포함한 미국 남서부 지역에서 현재 미국 전체 발전량의 10배에 달하는 1만 1,000GW 규모의 태양발전이 가능할 것으로 추산하고 있다.

미국은 금융위기 와중에도 모하비 사막의 태양발전 러시는 멈출 줄 모르고 있다. 캘리포니아 북부의 전력회사 PE&G가 2009년 5월 총 1,300km 규모의 세계 최대 태양발전소를 건설하는 계약을 마쳤다.

진행 중인 태양발전 26GW 프로젝트(180만 가구 공급 가능)로 구분된 '브라이트소스 에너지'에는 구글과 모건스탠리 등이 투자하고 있다.

월스트리트의 또 다른 강자 골드만삭스는 이미 2006년 12월에 태양발전 자회사를 통해 10GW의 전력을 생산하겠다며 506km^2 규모의 토지임대신청서를 제출했다.

골드만삭스는 월가의 한파가 진행되고 있는 사이에도 네바다 사막에다 태양발전을 위한 토지임대신청서를 제출한 바 있다.

여기에 플로리다의 전력회사 FPL를 비롯하여 거대 석유기업 세브론과 독일의 태양광발전회사들도 뛰어들어 모하비 사막의 땅 조각 하나라도 얻기 위해 경쟁 중이다.

그린 뉴딜에 다시 뛰어든 실리콘밸리의 신생 에너지 벤처들의 가세는 결국 모하비 사막을 개발 가능한 토지로서 가격을 평균 20배나 올려놓고 말았다.

특히 모하비 사막에 건설될 발전설비는 대부분 태양열 발전소다. 집중시킨 태양열로 물을 끓여 증기로 터빈을 돌리는 태양열발전소는 kw당 발전비용이 15센트 정도로 현재의 일반적 태양광발전 비용의 절반 수준이다.

드넓은 면적에 대규모 설비를 펼칠 수 있는 모하비 사막의 지형적 조건이 이를 불가능에서 가능하게 만들 수 있을 것으로 예단한 결과다. 내구연한을 80년으로 잡을 수 있기 때문에 더 그렇다.

클린턴 행정부 시절 환경부 차관보를 지낸 조지프 롬 미국진보센터(CAP) 선임 연구원은 대규모 태양열발전을 '인류를 구원하는 기술' 이라고는 의미부여에 앞장섰다.

사하라 사막의 데저텍(Desertec) 프로젝트

미국에 모하비 사막이 있다면 아프리카에는 사하라 사막이 있다. 이 황량하고 드넓은 사하라 사막을 배경으로 유럽자본이 참여한 태양광발전사업 데저텍(Desertec) 프로젝트가 그 윤곽을 드러냈다.

지난해 7월 13일 독일 뮌헨에서 지멘스를 비롯하여 도이치뱅크 등 12개 기업은 '데저텍 산업 이니셔브(DII)' 양해각서를 체결했다.

독일 기업뿐 아니라 스위스의 다국적 기업 ABB와 스페인 태양에너지 기업 아벤고아 등이 포함되었다.

앙겔라 메르켈 독일 총리와 주제 마누엘 바로수 EU 집행위원장이 강력한 지지와 후원을 얻고 있는 데저텍 프로젝트는 중동지역과 아프리카의 사막에서 태양열 · 풍력발전으로 전력을 생산하여 이를 해저케이블로 지중해를 거쳐 유럽으로 보내는 녹색성장산업의 거대 프로젝트에 속한다.

이들은 2012년 8월까지 데저택 기본 설계도를 완성할 것이며 2050년에 이르러서는 여기에서 생산하는 전력으로 유럽에너지 수요의 15%를 충당할 것으로 기대하고 있다.

사하라 사막은 계절에 따른 큰 변화가 없이 1년 내내 계속 햇빛이 쏟아져 최적의 조건을 갖춘 지역이다.

미국과 스페인에서 이미 실용화된 태양열발전은 기술적 문제마저 차항의 부제로 알려졌다.

다만 아프리카 북부와 유럽 간 송전거리가 3,000km에 달해 전력손실을 어떻게 낮추느냐 하는 문제가 남는다.

데저텍 재단측은 "꾸준하고 지속가능한 전력생산이 가능하면 충분히 감수할 수 있는 수준"이라고 주장했다.

데저텍 프로젝트는 유럽과 중동지역, 그리고 아프리카 국가 서로에게 이익이 된다는 점에서 동의하고 있다.

예를 들면 250MW 규모의 태양열 발전단지를 구축하려면 최소 1,000명의 근로자가 2~3년간 일을 해야 한다.

이런 시설이 수백 개가 필요한 것은 물론이다. 중동지역과 아프리카 나라들은 두뇌 유출을 막을 일자리를 만들고 대신 유럽은 이를 통해 탄소감축 목표를 빠르게 달성할 수 있다는 점이 더 설득력을 얻고 있다.

하지만 향후 40년이 넘는 사업기간과 최소 4,000억 유로로 추정되는 천문학적인 예산확보와 함께 수많은 기술적 장애들 때문에 회의적인 시각도 없지 않다.

문제는 환경 파괴와 물 부족

미국 모하비 사막과 아프리카 사하라 사막에서 시행되는 태양열발전 프로젝트는 두 가지 문제가 추가된다.

이들의 미래는 마냥 장밋빛만이 아니라는 점이다. 환경 파괴와 물 부족이 예상되기 때문이다. 21만 4,000개의 집열판이 설치되는 400MW 규모의 한 태양열발전 프로젝트는 겨울의 모래먼지를 닦아내기 위해서만 2주마다 약 200만의 ℓ 정도의 물이 필요하다. 하루에 5,500명 정도의 인구가 사용할 수 있는 물이 필요하다는 얘기와 같다.

또한 환경운동가들이 사막 거북이 등 희귀 동식물의 생존을 위협하는 공사라고 주장하며 반대의 의견마저 내세우고 있는 실정이다.

하지만 두 거대 사막에서 녹색성장산업의 큰 그림을 그리고 있다는 점은 글로벌 그린에 사막바람이 불고 있음과 동격이다.

오바마 행정부의 녹색성장 사랑

오바마 행정부는 그의 공약대로 2009년 9월 신재생에너지 메이커들에게 5억 달러를 현금으로 지원했다.

그 지원금은 2009년 초 미국 의회에서 승인된 경기부양책의 일환으로 진행되는 지원금이다. 전체 30억 달러 가운데 1차적으로 5억 달러를 5,000개 신재생에너지 메이커들에게 지원한 것이다.

태양광발전과 풍력발전은 물론이고 신재생에너지 생산시설과 바이오매스 분야까지 직접 지원을 시작했다.

3 글로벌 그린 리튬이온배터리 바람
- GM vs BMW

하이브리드카(HEV) 625개

플러그인 하이브리드카(PHEW) 3,125개

순수 전기자동차(EV) 6,250개

순수 전기자동차에 들어가는 배터리는 대강 6,250개다. 휴대폰에 들어가는 배터리 1개를 기준하여 계산한 수치다.

글로벌 그린에서 친환경적 자동차 출시는 이제 자동차 메이커의 선택사항이 아니다. 생존하기 위한 대세다. 글로벌 그린의 리튬이온배터리 바람 때문이다.

지금 미국에서 상종가를 치고 있는 하이브리드카를 이을 친환경적 자동차가 순수 전기차여서가 아니다.

지구를 살리고 소비자의 지갑을 아껴줄 수 있는 자동차로서 전기자동차 등장은 이미 예견된 상태다.

"신형 하이브리드카가 미국 조립 라인에서 나오고 있지만 이 차에 장착

될 배터리는 한국산이다."

버락 오바마 미국 대통령은 취임 후 상·하원 합동연설을 하면서 전혀 예기치 않게 한국산 리튬이온배터리 얘기를 꺼냈다.

이 화두의 중앙에는 미국 GM의 시보레 볼트가 있고 독일의 BMW가 있다. 전자는 LG화학 제품이 후자는 삼성SDI 제품이 사용됨을 의미한다.

세계는 지금 그린카 연비 전쟁중

2009년 8월 11일.

GM의 프리츠 헨더스 CEO는 플러그인 하이브리드카 시보레 볼트의 주행시험을 실시한 결과 최고 ℓ당 97.8km(휘발유 갤런당 230마일/230mpg) 의 연비를 기록했다고 밝혔다.

플러그인 하이브리드카는 전기 모터와 리튬이온배터리를 동력원(動力源)으로 사용하고 내연엔진을 보조수단으로 쓰는 차세대 친환경적 자동차로 구분된다.

시보레 볼트의 연비는 도요타의 3세대 프리우스의 ℓ당 20.4km (48mpg)보다 5배나 높은 수준이다.

시보레 볼트 출시가 다가오면서 세계 자동차 메이커들은 고(高)연비 그린카 경쟁에 하루를 맞고 하루는 보내게 되었다.

시보레 볼트는 GM이 자금난으로 파산 위기에 몰렸을 때도 연구개발

(R&D) 투자를 계속한 작품임과 동시에 미국 의회에 구제금융 신청시 GM 경영진이 시제품 볼트를 직접 몰고 갔던 브랜드다. GM의 미래가 달렸고 너무나 공을 들린 야심작이 바로 시보레 볼트라는 점이다. 미국인들의 하루 평균 차량 운행거리가 53.1km인 점을 감안하면 사실상 화석연료를 쓰지 않고도 운행이 가능한 것을 보여준 사례다.

볼트의 대당 판매가격은 4만 달러 내외이고 충전비용 부담도 크지 않다. GM측 자료에 따르면 "전력요금 요율이 낮은 밤에 충전하면 하루 충전비용이 40센트에 불과하다"라고 밝혔다.

바야흐로 세계는 그린카 연비 경쟁에서 돌입하고 있음을 알 수 있다.

리튬이온배터리 전쟁이 불붙다

친환경 자동차에 쓰이는 리튬이온배터리 시장을 놓고 한국 · 일본 · 미국 3국 사이에 배터리 전쟁이 불붙었다.

여기서 한국은 삼성SDI와 LG화학이 대표주자이고 일본은 파나소닉과 히타치가 거론된다. 미국은 퀄컴과 GE 등이 투자하여 양산체제에 들어간 'A123 시스템즈'와 IBM이다. 다만 IBM의 배터리는 리튬이온전지에 수소를 포함시킨 것이 좀 다를 뿐이다.

이들의 피 튀기는 배터리 전쟁은 우선 친환경 자동차 시장 규모에서 외면하기 어렵게 한다.

하이브리드카와 전지자동차에 필요한 리튬이온배터리 시장 규모는 2009년 1조 원에서 2013년에 이르면 5조 원에 달할 것으로 전망된다.

리튬이온배터리 시장 선점 전쟁을 위한 자동차 메이커와 제조업체 사이의 합종연횡도 이미 가시화되고 있다.

예를 들면 도요타는 파나소닉에서, 혼다는 산요로부터, 닛산은 NEC에서다. GM은 LG화학에서, BMW는 삼성SDI와 파트너십을 이룬 독일 보쉬의 합작회사 SB Limotive다.

클린 디젤엔진에 승부수를 띄웠던 폭스바겐은 일본의 도시바와 중국 BYD를 선택했다.

시보레 볼트 속은 한국부품이 독차지

단 하나뿐인 생명의 가치를 생각하고, 보다 나은 부의 상징으로 미국 자동차 소비자는 크고 고급스러운 자동차에 푹 빠졌다.

연비 절감과 CO_2 감축과 같은 친환경차의 개념은 개념일 뿐이었다. 하지만 2008년 9월 뉴욕발 금융위기와 GM의 몰락을 지켜보면서 이성(?)을 되찾기 시작했다.

2010년 11월 출시가 예정되고 있는 시보레 볼트의 탄생은 그래서 큰 화제 속에 미국인의 자존심을 살려주는 구원투수로 대접받는 데 일조하고 있다.

동시에 녹색성장산업에서 히트상품을 기대하던 한국에서 시보레 볼트는 '위기 속에 기회의 신화 창조'에 불을 댕겨가고 있다.

시보레 볼트 속은 세 가지 한국부품이 정착될 것으로 알려지면서 오바마 대통령의 한국산 배터리의 신화는 이제 실제상황이 되고 말았다.

LG화학이 GM에 무려 6년간 리튬이온배터리를 납품하기로 결정이 나자마자 한라공조의 친환경 에어컨과 LS전선그룹 계열사인 리엔에스는 볼트의 천장재(헤드라이너)를 독점 공급하기로 계약을 맺었다.

이들 삼인방들은 친환경차가 요구하는 수준의 가격과 품질에서 경쟁력 확보로 이어지고 있다. 그동안 높아진 국내 환율에 힘을 받고서 완성차보다 일찍부터 전기자동차 시대를 준비한 결과로 볼 수 있다.

4 글로벌 그린 봄바람
- 이명박 vs 반기문

2009년 9월 미국 뉴욕 유엔본부에서 열린 '제3차 G20 정상회의'의 회담 핵심의제는 대략 네 가지로 요약할 수 있다.

세계 경제 불균형 해소를 비롯하여 출구전략과 국제통화기금(IMF) 지분 개혁, 그리고 기후변화협약 등이다.

특히 기후변화협약은 초미의 관심사였다. 제15차 코펜하겐회의 합의를 70여 일 앞둔 시점이라 그럴 수밖에 없을 터다.

모든 국제적 협약은 제각기 다른 당사국 사이에서 이해관계가 실타래처럼 얽혀 있기 때문에 20개국 정상들의 말 한미디는 그래서 중요했다.

이번 정상회의에서 관연 어느 정도 이견을 좁혀 새로운 협약의 '뼈대'를 마련할 수 있는 지가 관심사 중의 하나였다.

오바마 미국 대통령은 온실가스 감축 목표제시와 책임을 천명해야 하는 데 미국 의회의 비준이 없이는 국제협약을 실행할 수 없는 한계를 의식해서 "개발도상국도 온실가스 감축에서 자기 몫을 해야 한다"라는 원칙론으로 일관했다.

반면 후진타오 중국 주석은 중국 정상으로는 처음 가진 유엔 연설에서 지구온난화를 막기 위한 국제공조의 필요성을 강조하며 중국도 온실가스 감축에 나서겠다고 밝혔다.

실제로 코펜하겐회의 협상을 위해서는 미국과 중국의 온실가스 감축 목표치에 따라 결정되는 상황을 잘 알고 있기 때문에 두 정상의 코멘트는 그래서 의미심장했다.

버락 오바마와 토마스 프리드먼 골프 라운딩

'제3차 G20 정상회의'를 일주일 앞둔 버락 오바마 미국 대통령은 휴가 동안 그린 전도사로 자타가 인정하는 뉴욕 타임스 칼럼니스트인 토마스 프리드먼과 함께 메릴랜드 주 앤드루 공군기지에서 골프 라운딩을 가졌다. 그것도 무려 5시간에 걸친 골프 라운딩이었다.

오바마 대통령을 사로잡은 프리드먼은 2009년 6월 이집트 카이로대학 연설 당시 대통령의 연설 조크 소재를 제공한 바 있다.

미국 정치전문지 폴리티코는 이 골프 라운딩을 크게 보도하면서 "오바마 대통령이 여러 언론인과 만난 적이 있지만 5시간 동안 대통령과 골프 라운딩을 함께 한 프리드먼 접근성에서 가장 우위를 차지하게 되었다"라고 논평했다.

그해 여름 오바마 대통령은 휴가를 떠나면서 프리드먼의 저서 〈그린 코드)를 챙겨갔고 항상 글로벌 그린 마켓에 관한 자문역을 수행하고 있다.

이 책에는 지금과 같은 녹색성장산업의 존재 시대를 '에너지기후시대 (ECE : Energy Climate Ere)'로 정의한 바 있다.

한국이 G20 정상회의 분위기 주도하고

2010년 11월 한국에서 개최될 제5차 G20 정상회의는 한국 외교사상 큰 획을 긋는 사건이 아닐 수 없다. 국내총생산(GDP) 규모의 세계 85%를 차지하는 주요국 정상들이 한국에 한꺼번에 모이는 것은 유사 이래 처음 이라고 해도 과언이 아니다.

글로벌 그린 마켓에서 한국의 그린 테크노롤지를 전 세계에 알리는 행 사로서 G20 정상회의는 그래서 기대가 크다.

보는 것만 믿는 나라에게 한국의 녹색기술의 기술적 우위를 홍보하는 데 이만한 기회가 있었을까. 이만한 뉴스의 광장은 또 있었을까.

미국 피즈버그에서 귀국한 다음 이명박 대통령은 대국민보고를 통해 제5차 G20 정상회의 의장국으로서 한국의 위상은 이제 세계의 변방이 아 니라 세계의 중심에 서게 되었다고 강조했다.

이것 하나만 보더라도 글로벌 그린 마켓에 부는 봄바람에서 이만한 뉴 스의 효과는 달리 찾기가 어려울 것이다.

더욱이 이명박 대통령은 2009년 9월 22일 유엔 기후변화정상회의에 참석해 개발도상국의 온실가스 감축에 관한 중재안을 처음 제시했다.

이러한 자리 마련과 G20 정상회의 분위기를 연출하는 데 적극적인 측면 인사는 반기문 유엔 사무총장의 지원이 아니었다면 가능했을까. 기후변화에 관한 분위기를 한국이 주도할 수 있었을까.

그해 9월 17일 반 총장은 뉴욕 주재 한국 언론매체 특파원들과 간담회에서 "올해 유엔총회는 가장 중요한 시기에 기후변화 등 중요한 과제를 다루는 행사"라면서 "한국이 국제사회 분위기를 주도해 달라"고 당부했었다.

이를 패러디해 보면 버락 오바마 대통령과 토마스 프리드먼 사이에 불고 있는 봄바람만큼 지난해 9월 유엔본부에서 보여준 이명박 대통령과 반기문 유엔 사무총장 사이도 같은 동격이고 같은 동급일 수 있다.

그해 9월 23일 반기문 유엔 사무총장이 주재한 오찬에서 헤드 테이블에는 이명박 대통령을 비롯하여 세계 최정상급인 오바마 미국 대통령과 드미트리 메드베데프 러시아 대통령, 그리고 후진타오 중국 국가주석 등 12명의 정상들이 같은 테이블에 앉았다.

글로벌 경제위기의 터널에서 가장 먼저 빠져나온 한국을 유엔이 합당한 대우를 한 것으로 이해할 수 있지만 분명 그 뒤에는 글로벌 녹색혁명을 주도하는 이명박 대통령과 반기문 사무총장의 그린 코드가 있었기에 가능했음을 알 수 있다.

이명박 대통령 원탁회의 주재하면서 NAMA 등록부 설립 제안

그다음 날 이 대통령은 호주와 중국 등 26개국이 참여한 유엔 기후변화 정상회의 제1원탁회의의 공동의장으로 회의를 주재하면서 개도국의 자발적인 온실가스 감축행동(NAMA)을 유엔 기후변화협약 사무국에 등록하도록 하는 'NAMA 등록부(Registry)' 설립을 제안했다.

이는 개도국의 감축 행동에 대해 법적 구속력을 두지 말자는 개도국의 입장과 법적 구속력을 부여하자는 선진국 간의 접점(接點)을 찾기 위한 중재안 성격으로 규정할 수 있다.

이 대통령은 또 한국은 매년 GDP의 2%를 녹색기술에 투자하겠다는 방침도 천명했다. 이를 위해서는 "향후 코펜하겐의회의 체제에서는 개도국들이 스스로 실행하는 온실가스 감축 노력을 국제적으로 인정하고 격려하는 체제가 되어야 한다"고 요구했다. 반기문 유엔 사무총장의 '당부'와 이명박 대통령의 '요구'는 글로벌 그린 마켓에 부는 봄바람답게 '녹색혁명'의 국가적 어젠다였고 '녹색외교'의 훌륭한 성과로 볼 수 있다.

결국 한국의 비전 내용과 목표는 '글로벌 그린 웨이(Global Green Way)'로 가야 하는 명분론을 더욱 구체화시킬 국제적 과제로 남게 되었다.

5 글로벌 그린 바이오매스 바람
– 바이오 디젤 vs 바이오 에탄올

글로벌 그린 마켓에 부는 바람은 여러 가지다. 앞에서 설명한 대로 미국과 중국 사이에 불고 있는 칼바람을 비롯하여 버려진 땅 불모지에서 부는 사막바람, 그리고 고유가시대를 경험한 자동차 소비자에게 구원투수로 등장하고 있는 전기자동차 등장에 따른 리튬이온배터리 바람 등을 섭렵했다.

제3장의 마지막 바람은 바이오매스 바람이다. 여기서 바이오매스는 통상 바이오 연료(bio-fuel)를 지칭한다.

한번 쓰고 없어지는 화석 연료에 비해 식물을 기르기만 하면 다시 만들 수 있어 재생가능 에너지라고도 불린다.

바이오 연료는 사용할 때 배출되는 탄소량이 적은 데다 식물이 광합성(光合成)을 하면서 CO_2를 흡수하기도 한다.

하지만 바이오매스 바람에서 한국 녹색성장산업이 설 땅이 보이지 않는 태생적 한계성을 지니고 있는 것이 문제라면 문제다.

글로벌 그린 바람은 태생적으로 자연과 환경을 비켜날 수 없는 묵시적 선택에서 가능한 바람이라는 점이 도움말이 된다.

지중해의 강력한 햇빛을 만끽하는 스페인은 태양광 발전이 발달했고, 1년 내내 고르게 바람이 불어주는 덴마크는 풍력발전을, 융합기술이 상대적으로 발달한 프랑스는 원자력발전을, 휴대폰 제조기술에 능한 한국과 일본은 리튬이온배터리 바람의 진원지가 되었다.

그렇다면 재생(renewable)이라는 개념에서 석유나 천연가스 등 화석연료의 대체에너지로서 바이오매스 바람은 과연 어느 곳에서 어느 곳으로 불고 있을까. 불어도 얼마나 크게 불까. 지구와 환경의 함수 엮기에서 바이오매스 바람은 과연 득일까 아니면 손일까.

바이오 디젤과 바이오 에탄올

바이오 연료는 크게 두 가지로 구분할 수 있다. 바이오 디젤과 바이오 에탄올이다. 여기서 바이오 디젤은 콩·유채·야자나무·폐식용유 등 식물성 기름을 촉매와 함께 화학반응을 일으켜 만든다. 최근에는 동물성 지방도 포함하고 있다.

특히 일반 석유에 섞어 쓰는 경우가 많은데 혼합비율에 따라 바이로 디젤 5%가 혼합된 경우를 'BD5'로 표기한다. 디젤 20%는 'BD20'으로 불린다.

바이오 에탄올은 생체에너지원(源)에서 만들어내는 에탄올을 뜻한다.

포도주나 맥주를 만드는 과정과 우선 비슷하다.

옥수수·사탕수수·밀·볏짚 등 식물과 목재의 찌꺼기에 들어 있는 녹말을 글루코스(포도당)로 전환시킨 뒤 효소와 함께 발효시켜 에탄올을 추출해내는 것이 기본 원리다.

바이로 연료는 전 세계적으로 385억 리터가 생산되고 있는데 브라질이 150억 리터를 생산하고 있다. 미국이 그다음이다.

에탄올 원료 최대 경작지 콘벨트(corn belt)

동화 '오즈의 마법사' 주인공 도로시의 고향으로 유병한 캔자스 주 남쪽 소도시 리버럴에 '옥수수 열풍'이 불었다.

옥수수를 경작하는 트랙터가 넘쳐나고 옥수수를 원료로 하는 바이오 에탄올 공장 설립의 러시가 뒤를 이었다.

미국 조지아 주의 땅콩밭이 바이오 허브로 발전(?)하는 일은 그다음 일이다.

이것은 뉴욕발 금융위기가 터지기 1년 전인 2007년의 미국 실제 상황이었다. 고유가 시대를 맞아 이를 극복하는 과정에서 신재생에너지로서 바이오 에탄올은 '바이오 연료 시대의 왕자'로 기대한 것이다. 물론 부시 대통령의 바이오 연료 드라이브 정책이 뒷받침한 결과였다.

몬산토의 변신

이를 기회로 삼은 세계적인 농업생명공학기업 몬산토(Monsanto)는 2003년부터 바이오 에너지팀을 운영하고 있다.

휴 그랜트가 이끌고 있는 몬산토는 1901년 코카콜라에 사카린과 카페인 등을 납품하는 식품첨가물 회사로 출발했다.

1917년 아스피린 제조에 성공하면서 제약업에 진출했고 기초화학제품인 제초제 등으로 발을 넓혀 종합화학회사로 변신해 오늘에 이른다.

몬산토는 외부 환경변화에 맞춰 핵심 사업을 발 빠르게 전환한 '변신의 귀재'로 이미지화에도 성공한 케이스다.

1993년 몬산토는 미국 5위의 종합화학회사로 랭크되면서 휴 그랜트는 신재생에너지 그룹으로 대변신을 주도하고 있다.

화학분야의 축소와 함께 신재생에너지 시장성을 눈여겨본 것이다.

1980년대 오일쇼크를 계기로 몬산토는 석유화학 분야의 성장에 한계가 있을 것을 감지했다.

결국 휴 그랜트는 옥수수로 만든 에탄올이 미국 차량 연료 수요의 10%를 충족하도록 하는 게 1차적인 몬산토의 목표였다.

이를 위해 몬산토는 에탄올 가공기술과 옥수수 수확량 증대에 대한 연구를 집중적으로 사업화시켰다.

몬산토의 생산비용은 1980년대 갤런당 3.60달러에서 2006년에는 90센트까지 낮출 수 있게 했다. 이를 지켜본 전 세계 주요국 정부들은 바이오 연료 진흥책을 내놓게 된다.

특히 EU는 바이오 로드맵까지 세웠다. 지금 자동차 연료로 사용되고 있는 화석연료의 10%를 바이오매스로 대체할 것으로 기대해서다.

또 전체 에너지의 비율을 올해 연말까지 5.75%까지 끌어올린다는 복안도 세워놓고 있다.

이를 화답하듯 유럽 자동차 메이커들은 디젤 자동차에 클린 디젤엔진 기술을 개발해서 CO_2 감축과 함께 연비 확대라는 두 마리 토끼를 함께 잡아가고 있다.

물론 미국과 일본의 추월은 미리 따돌리고 '디젤+매연'의 공식을 불식시키는 전략까지 숨기지 않고 있다.

이를 두고 우리는 바이오매스의 바람으로 대접했고 바이오매스의 승리로 간주하게 되었다.

미국 바이오 연료 버블 터지나

2008년 10월 미국의 대표적인 바이오 에탄올 기업인 베라선에너지 파산이 도화선이 되었다.

이 업체가 운영하던 바이오 에탄올 공장 7개소가 아이러니하게도 석유 메이저 발래로에너지에게 싼값으로 팔려갔다.

글로벌 경기침체와 유가하락 여파를 겪는 탓이다. 미국 에너지부는 미

국 바이오 디젤 생산량이 2009년 하루 평균 3만 배럴을 웃돌다가 2009년
4만 배럴에서 점차 감소세로 내려가고 있다.

바이오매스에서 한국이 배울 것은

지형적으로 국토가 좁고 인구가 많은 한국에서 바이오 에탄올이나 바
이오 디젤의 상용화는 거리가 있다.

바이오 디젤의 원료인 각종 곡물을 재배하는 토지 확보를 비롯하여 치
솟는 세계 곡물가격 등이 발목을 잡고 있기 때문이다.

다만 신재생에너지산업 측면에서 기대되는 라이프스타일 제안은 필요
할 수 있다. 예를 들면 폐식용유에서 나온 분량만큼 버리기 전부터 대체에
너지로서 자가용에 재사용하는 그런 수준으로 말이다.

실제로 치킨집에서 나온 폐식용유를 자가용 연료로 대체 사용되는 인
구가 계속 늘고 있다.

하지만 이는 라이프스타일 제안 차원에 불과하다. 그렇다면 국가적 차
원에서 바이오매스 바람을 어떤 것으로 불게 할까, 어떤 방식이 최선의 방
법일까.

녹색성장산업으로서 바이오테크놀로지(BT)의 확산이다. 최근 신종플
루 사례에서 보듯 한국판 바이오매스는 피안의 바람으로 간주한 다음 신
약개발과 같은 바이오 먹거리를 대안으로 떠올릴 수 있다.

한국의 바이오기술이 초기 단계를 벗어나 개발, 즉 산업으로 연결되는 시점에서 정부 주도의 연구소와 관련기업 등이 한곳에 모아야 한다.

한국과 같이 인구 인프라스트럭처가 턱없이 부족한 BT 영역은 국책기관이 먼저 연구에 드라이브를 걸어야 한다.

여기에 구비된 IT 인프라스트럭처와 BT 영역을 그린 테크놀로지(GT)와 융합해 한국판 녹색성장산업으로 발전시켜나가는 일이 모색되어야 한다.

이런 접근방법이야말로 국가경쟁력 강화라는 국가기조가 힘을 얻고 20년 후에는 이를 통해 한국도 바이오매스 바람의 주인공이 될 수도 있다.

다시 정리하자면 제3장의 글로벌 그린 바람은 바이오매스 바람으로 마감되었다. 글로벌 시장은 시장을 리드하는 선도 기업이 있기 마련이다. 이제 그들을 찾아나서 보자.

Chapter 4.
글로벌 녹색성장산업에서 승자는

1 중동지역에서 더 강한 GE

　세계 최고의 기업으로 제너럴일렉트릭(GE)을 꼽는 데 이의를 다는 소비자는 한 사람도 없을 것이다. 하지만 글로벌 금융위기는 GE마저 예외로 두지 않았다.

　2008년 3월 "2008년 순이익이 10% 이상 날 것이다"라고 제프리 이멜트 회장은 호언장담했다. 하지만 실적부진으로 세계 언론매체와 주주들로부터 호된 뭇매를 맞아야만 했다.

　제프리 이멜트 회장이 제일 먼저 손을 벌린 곳이 중동지역 아부다비투자청(ADIA)이었다. 세계 최대의 국부를 운용하는 아부다비투자청은 이를 받아들였고 결국은 세계 최고의 기업 GE도 안도의 한숨을 쉴 수 있었다.

현대중공업은 GE와 손잡고 쿠웨이트에서 대박

　제프리 이멜트 회장의 호언장담이 있었던 날로부터 1년 5개월이 흐른

2009년 8월 27일, 블룸버그통신은 이 날 대박소식을 대서특필했다.

현대중공업은 GE와 컨소시엄을 맺고 쿠웨이트에서 총 26억 5,000만 달러 규모의 가스발전소 공사를 수주하게 되었다고 알렸다.

블룸버그통신에 따르면 쿠웨이트 중앙입찰위원회(CTC)는 쿠웨이트 사비야(Sabrta) 가스발전소 프로젝트에서 최저가를 제출한 현대중공업과 GE의 컨소시엄이 최종 낙찰입찰자로 결정되었다.

이에 따라 회계감사국 최종 승인만 이뤄지면 쿠웨이트 수전력부(KME)와 정식 계약만 남겨둔 상태다.

글로벌 강자들의 세계이자 글로벌 시장터인 중동지역에서 이번 대박은 현대중공업의 파트너십에서 빛이 났다.

경쟁상대자의 면면을 보면 크게 웃게 한다. 예를 들면 일본 간판급 종합상사 마르베니를 비롯하여 캐나다 SNC 라발린과 스페인 이베드 롤라 등을 따돌렸다.

중동지역의 최강자 GE의 비결

비결의 역사는 올해로 3년 전으로 거슬러 올라간다. 중동지역 시장 석권을 위해 GE는 새로운 접근전략을 공포했다.

'기업 대 국가(company to country)'

2007년 5월 나빌 하바엡 GE 중동·아프리카 CEO는 전 세계 주요 언론사 기자 30명을 대상으로 '중동지역 미디어 투어'를 개최해 중동지역 시장에 남다른 애정을 표했다.

그는 "앞으로 중동지역은 GE의 핵심 성장지역이 될 것이다"라면서 "새로운 도시국가 건설에 매진하고 있는 중동지역 국가들의 정책을 기반해서 GE에게는 매우 매력적인 시장으로 떠오르고 있다"고 주장했다.

이미 3년 전부터 GE는 중동지역에 공을 들이고 있음을 알 수 있다. 글로벌 녹색성장산업의 승자에서 첫 번째로 등장시킨 GM의 약진은 그래서 더 값지다.

오늘의 GE를 만들었던 잭 웰치 회장과 위기를 기회로 변화시킨 제프리 이멜트, 그리고 존 라이스 부회장 뒤에는 중동지역 시장을 총괄하고 있는 나빌 하바엡 CEO가 버티고 있다.

GE의 ecomagination 엿보기

올해로 GE는 창립 132년을 맞고 있다. 그러니까 지난 1878년 창업한 GE의 롱런은 한마디로 '성장산업에 대한 선제적 투자가 주된 요인이다'고 요약할 수 있다.

GE는 설립 초기 산업혁명 바람을 일으키며 승승장구했다. 이후 에너지·금융·의료·정보·미디어·환경기술 등 미래의 먹을거리에 대한 투자를 지속시키며 글로벌 기업으로 오늘에 이르렀다.

제5의 물결로 통칭되고 있는 녹색혁명의 진행을 지켜본 GE는 지난 2005년 친환경 성장전략인 '에코메지네이션(ecomagination)'을 기업 성장 콘셉트로 정해서 발표했다.

환경과 상태를 의미하는 에콜로지(ecology)와 GE의 기업 슬로건인 '상상을 현실로 만드는 힘(imagination at work)'의 앞 글자를 조합하여 만든 조어(造語)다.

에코메지네이션을 통해 GE는 기존 제품의 에너지 효율성 개선을 비롯하여 저(低) 에너지 사용과 오염물질 배출 최소화의 기술혁신에 괄목한 성적표를 쌓았다.

제프리 이멜트 회장의 지근거리에서 GE 환경부문 사업을 총괄하고 있는 존 라이스 부회장은 "환경경영이란 명분만 내세우고 기업 활동을 수익과 연결하지 못하면 박애주의자로 끝나게 된다"면서 "녹색성장 시대에서는 기업 활동을 수익으로 연결해야 진정한 지속가능성(true sustainability)을 확보할 수 있다.

이를 위해 GE는 자신들의 친환경 경영활동을 솔직하게 언론에 알림으로써 감사와 함께 인정을 받기 시작했다"라고 밝혔다.

GE의 에코메지네이션은 이해관계자가 참여한 가운데 수익성이 좋은 환경 솔루션을 혁신하고 성장을 완수하기 위해 창안한 사업 전략이다.

GE는 자체 연구개발은 물론 외부 벤처캐피탈 투자자를 통해 혁신에 투자하고 있다. 투자결과 생산된 제품들로 인해 GE와 고객들의 매출은 늘어나고 온실가스 배출량은 감소하게 된다.

이익도 내고 에너지도 절약하며 환경 솔루션 투자를 계속하는 순환구조(循環構造)가 지속됨을 의미한다.

2008년 약속은 이미 초과달성했으며 온실가스 집중도도 30%나 줄였다. 오는 2012년에는 물 절대사용량 20% 감축과 온실가스 1% 감축을 기대하고 있다.

실제로 GE는 녹색성장산업 분야에서 얻어낸 매출액은 200억 달러에 달한다. 수익의 225%는 최근 5년 동안 만들어진 기술, 즉 재생발전(renewable power generation)에서 창출되고 있다.

특히 GE는 중동지역 특성을 감안해서 녹색성장기술을 특화시켜 수익으로 연결시켜가고 있음을 이제 공공연한 관련업계의 비밀에 속할 정도다.

GE 기후변화 대응 신규 사업 포트폴리오

지난 2007년 7월 한국을 찾았던 GE의 2인자 존 라이스 부회장은 국내 한 언론사와의 인터뷰에서 이렇게 결론을 짓고 있었다.

"실패를 두려워하면 기업의 성장은 동시에 멈출 수밖에 없다."

다시 일 년 후 녹색성장 시대를 맞아 GE 기후변화 대응 신규 사업 포트폴리오를 발표하게 된다.

〈표 4-1〉에서 보듯이 GE의 기후변화 대응 신규시장 창출은 기존시장 대체와 기존시장 경쟁을 조사·연구해서 신규시장 진입에 적극적으로 임

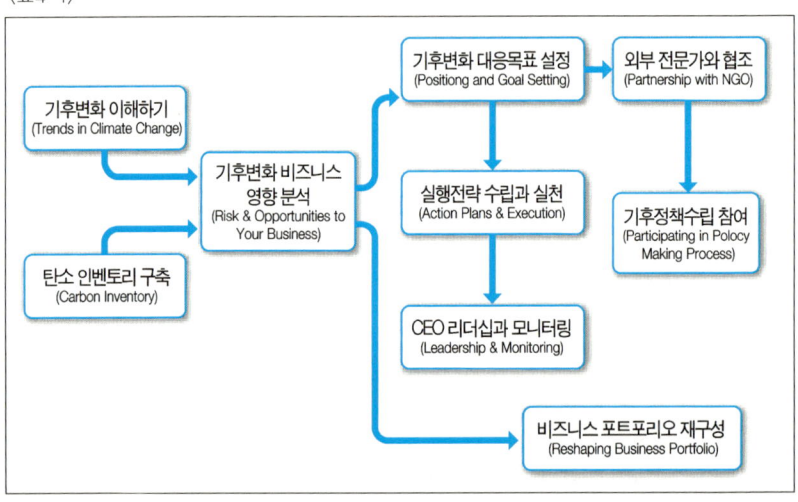

한 것을 알 수 있다.

물론 기후변화 이해하기(Trends in Climate Change)로 시작해 탄소 인벤토리 구축(Carbon inventory)까지 일관된 목표 설정을 전제하고 있다.

이러한 노력만이 기후변화 대응 목표설정에서 힘을 얻고 실행전략 수립과 실천은 물론 CEO 리더십이 뒷받침된 GE다운 포트폴리오를 만들어 냈다.

하지만 글로벌 녹색성장산업 현장에서 승자가 되기 위해 정책과 기술이 아우러져 만들고 있는 시장(Markets)을 조망하고 시장 변화에 대한 한 치의 소홀함을 없어야 된다는 교과서적 교훈을 다시 읽게 한다.

에너지 인터넷 제폐(制覇) 노리는 GE

스마트그리드(지능형 전력망)의 시범단지 운영은 한국 제주도에서 시행 중이다. GE도 미국 켄터키 주 루이빌에서 가정용 스마트그리드를 시범 실시해 괄목한 성적표를 얻어냈다. 국제표준에서도 단연 우위를 차지하고 있다.

시범가구들이 GE의 스마트그리드를 이용해 20%에 달하는 전기료 절감효과에 만족하고 이를 도입하려는 소비자가 많아졌기 때문이다.

여기에 고무된 GE는 지난해 7월 가정용 스마트그리드의 일부 기술을 공개하는 행사를 가졌다.

올해부터 상용화가 가능할 뿐 아니라 2015년에 이르면 종합망 완성까지 기대하고 있다. 가정용 스마트그리드 기술의 핵심인 중앙조절장치와 지능형 미터기를 보급한다는 점까지 공개에 포함시켰다.

GE의 지능형 메타기는 전력공급회사의 가격구간을 파악하는 기능을 말한다. 따라서 세탁기나 식기세척기 등 가전제품은 지능형 미터기에 연결시켜 값싸게 전기를 이용할 수 있도록 해준다.

소비자들은 각종 가전제품을 지능형 미터기와 연계해 작동하도록 세팅하는 수고만 보태면 GE의 지능형 그리드가 20% 이상의 전기요금을 절감시키는 효과로 보상을 받게 된다.

특히 이 시스템을 사용하면 여름철 전기사용이 많은 시간대조차 임의적으로 전기사용을 분산시키는 효과도 함께 갖추고 있다.

따라서 GE의 스마트그리드의 포트폴리오는 가정용 집의 태양열판과 지능형 가전제품 개발은 물론 발전 · 저장 · 배송 등에 이르는 종합적 시스템을 오는 2015년까지 상용화로 짜여 있다.

더 나가서 GE는 이 시스템은 단순 기계의 조합만을 기대하고 있지 않다. 에너지 인터넷을 추구하고 이를 글로벌 녹색성장산업의 맹주로서 스마트그리드 시장을 제패한다는 구상을 천명해두고 있다.

인터넷이 전 세계를 통해 소비자들에게 정보를 교환할 수 있도록 소비지와 소비자를 연결시켜 주었듯이 GE의 스마트그리드도 '에너지 인터넷'을 제안한다는 줄거리이다.

문제는 스마트그리드 시범운영에 돌입한 여러 경쟁사들이 함께 사용할 수 있는 표준화작업이 이해관계에 따라 쉽게 이루어질 사안이 아님이 도사리고 있다.

이러한 문제도 경쟁사들이 각자 장치나 기술을 제공할 수 있는 애플의 아이팟처럼 공통의 플랫폼을 만들면 불가능을 가능으로 발전시킬 수 있다고 이해하고 있다.

GE의 스마트그리드는 오는 2016년에 완성되는 아부다비 마스다르(Masdar)에도 적용시켜 그 진가를 발휘하는 테스트베드로서 이미 예약된 상태다.

아부다비 마스다르의 종합적 마스트 플랜이 GE에 의해 집행되고 있기 때문이다. 그래서 '중동지역에 더 강한 GE'라는 닉네임이 생소하지 않을 수 있다.

2 세계가 주목하는 SB LiMotive

하이브리드카 · 전기자동차 · 연료수소차.

너무나 많이 듣던 명칭들이다. 친환경 자동차라는 명칭으로 불리는 이들 자동차의 개발은 더 이상 선택 사항이 아니다. 이미 생존의 문제로서 대두되고 있다.

그러나 친환경자동차는 각각 다른 환경에서 생존의 문제를 해결하기 시작했다. 1997년부터 세계 최초로 하이브리드카를 출시한 도요타와 유럽의 친환경차 강자 BMW는 클린 디젤에 목을 매고 있다.

반면 미국은 바이오연료 자동차로 친환경자동차를 꼽은 듯했지만 GM이 시보레 볼트 출시에 즈음하여 리튬이온배터리를 정착한 전기자동차에 거는 기대가 더 커졌다.

그래서 세계 자동차 메이커 사이에 감도는 전운은 도요타 프리우스 독주를 막는 데서 열쇠의 실마리를 찾았다.

혼다를 비롯하여 BMW와 현대자동차 등 일곱 난쟁이들이 도요타를 따라잡는 형극이 계속되었기 때문에 그렇다.

하지만 글로벌 녹색성장산업을 둘러싼 자동차 메이커들은 '2010 Cool War'를 맞아 각개전투에 나섰다.

2차 전지 개념인 리튬이온배터리 기술이 상용화로 발전하면서 미국은 연료전기차 대신 전지자동차로 유턴을 시작하게 되었다.

이러한 변화에 따라 글로벌 녹색성장의 승자로서 등극한 업체가 이번 주인공이다. 주인공은 반갑게도 전 세계 자동차 메이커가 주목하는 SB리모티브(SB LiMotive)다.

삼성SDI와 보쉬의 찰떡궁합

2010년대를 무공해 자동차의 시대를 만들겠다고 선언한 독일 BMW는 2009년 3월 헤르베르트 디스 구매담당 총괄 사장을 한국에 보냈다.

무공해 자동차의 다른 이름인 전기자동차의 핵심기술인 리튬이온전지 기술을 보유한 삼성SDI와 LG화학 등을 방문하기 위해서다.

BMW 실사에 앞서 2008년 8월 삼성SDI는 독일 자동차 부품업체 보쉬와 리튬이온배터리 생산을 위해 이미 삼성모티브(SB MoTive)를 설립한 상태였다.

이 과정에서 삼성SDI의 파트너인 보쉬도 팔을 걷어붙였다. 자동차 전지를 통해 글로벌 녹색성장산업에서 글로벌 부품업체로의 승자가 될 수 있다고 판단했던 것이다.

베론트 보어 보쉬그룹 자동차산업부 회장의 발걸음도 상대적으로 바빠졌다.

결국 BMW는 전통적인 협력관계인 보쉬와 리튬이온전지의 삼성이라는 브랜드, 그리고 SDI가 갖춘 리튬이온전지 기술력에 손을 내밀게 되었다.

단 하나의 추가주문을 내걸고서 말이다.

삼성SDI에게 자동차전지 관련 원천기술을 보유한 미국 코바시스 인수를 제안한 일을 그대로 받아들인 것이 주효했다.

코바시스는 니켈수소전지 분야에 많은 노하우를 갖고 있는 미국 업체다. 리튬이온전지 기술만 보유한 삼성SDI는 코바시스를 품에 안았고 동시에 전지 플라인 체제를 갖출 수 있게 되었다.

자동차 메이커와 배터리 메이커의 밀월

BMW와 SB리모티브의 밀월을 지켜본 많은 사람들은 축복과 우려를 동시에 나타내고 있다. 친환경자동차를 둘러싼 자동차 메이커와 자동차 배터리 업체의 밀월은 길게 보면 '기(氣)싸움의 전주곡'으로 보는 견해가 없지 않다.

2010년 이들의 합작사례에서 그대로 녹아나 있기 때문이다.

* BMW vs SB LiMotive
* GM vs LG화학
* 도요타 vs 파나소닉과 EV 에너지
* 닛산 vs 오토모티브와 에너지스플라이
* 혼다 vs 블루에너지
* 미쓰비시 자동차 vs 리튬에너지 재팬

하지만 BMW와 SB리모티브는 오는 2020년까지 밀월의 지속을 계약서에 넣고 있다.

SB모티브가 BMW에 공급할 차종은 전기자동차와 플러그인 하이브리드카 두 종류에 적용될 예정이다.

BMW는 자동차 메이커 가운데 처음으로 오는 2013년까지 엔진 없이 순수 전기 충전만으로 구동되는 차량이어서 전지가 핵심부품 역할을 담당하게 된다.

그래서 우리가 글로벌 녹색성장산업의 승자로 SB리모티브를 꼽았는지 모른다. 여기에는 이유가 하나 추가 된다.

BMW가 최근 야심차게 내걸고 세계 자동차 시장에 자기 목소리를 내는 큰 프로젝트인 '메가시티비히클(Mega City Vehicle)'가 이미 가시권이 든 것도 배제하기 어렵다는 점이다.

울산의 승전보

울산시 을주군 삼남면.

옛 삼성SDI의 브라운관 생산 공장이다.

SB모티브는 울산시의 적극적인 공장 유치로 지난해 8월부터 리튬이온 배터리 양산체제를 위해 착공식을 가졌다.

오는 2011년 공장의 완공을 목표로 삼고 있다. 울산시는 이 공장 주변을 하이테크밸리로 조성해 SB리모티브 협력업체를 비롯하여 반도체·전지·전자·신소재 관련업체가 대규모로 입주할 수 있게 된다.

울산시의 하이테크밸리는 297만 5,000여 m² 규모로 울산시가 2006년부터 차세대 녹색성장산업 육성을 위한 정책의 일환이다.

글로벌 녹색성장산업의 승자는 울산시에서 조성한 하이테크밸리에서 그렇게 태어났고 그렇게 성장하게끔, 그렇게 발전하고 있음을 알 수 있다.

Build a leading GRS Company

이러한 발전은 최근 SDI의 기업 변신에서 확연하게 드러나고 있다. 친환경 기업으로서(Green) 사회적 책임을 다하고(Responsible), 영속적으로 발전(Sustainable)하고자 하는 삼성SDI의 새로운 비전이 되고 있다.

더불어 청정에너지 생성(generation)과 화석연료 대체 및 친환경화(regeneration), 그리고 에너지 효율 혁신(storage)을 추구하는 친환경 에너지 지향의 사업영역으로 확대 중이다.

삼성SDI는 G · R · S 시장규모가 2009년 37조 6,000억 원에서 오는 2015년에 이르면 98조 원에 달할 것으로 전망해 여기에 따른 준비와 각오를 새롭게 다지고 있다. GE처럼 말이다.

3 LED로 글로벌 녹색성장산업 승자가 된 Philips

전 세계는 발광다이오(LED : Light Emitting Diode) 상용화에 박수를 보내고 있다. 그린 라이프에서 모든 소비자가 골고루 혜택이 돌아갈 수 있는 아이템이 된 그 이유다.

더 환영을 받은 점은 LED가 최고 90%에 달하는 월등한 에너지절감 잠재력을 가지고 있는 것이 두 번째 이유다.

특히 LED는 일반조명에 사용하던 수은 등 중금속이나 각종 유해가스를 사용하지 않아 RoHS(유해물질 사용제한)와 같은 환경규제에도 효과적인 대응수단이 되고 있다는 것이 세 번째 이유다.

해를 거듭할수록 LED 모듈 기술이 발달하여 광색(光色)을 자유롭게 표현함으로써 아름다운 도시경관과 감성형 조명분위기를 연출할 수 있는 것이 네 번째 이유다.

LED의 수명은 반영구적(5만~10만 시간)이다. 1,000~4,000시간의 백열등과 비교가 안 된다. 더 놀라운 사실은 적·녹·청 LED 하나하나가 256가지 색을 구현할 수 있다는 것이 다섯 번째 이유다.

이런 선문답은 LED로 글로벌 녹색성장산업에서 승자가 된 필립스 (Philips)에 대한 미래를 가늠하는 바로미터이기 때문이다.

필립스 창업 역사 209년

지난 1891년 창업한 필립스는 전 세계에 걸쳐 5만 5,000명의 종업원을 거느리고 있는 네덜란드가 낳은 다국적 기업이다.

조명 하나만 들춰보아도 한국과 인연이 깊다. 광화문 이순신 장군 동상 과 경주 첨성대 조명 개선을 위한 조명설비 일체를 기부했다.

2002년 한일 월드컵 개최를 즈음하여 필립스는 공식후원자로서 월드 컵 경기장 10개소 가운데 7개소의 조명시설을 세계 수준으로 연출시켜 한 국의 위상을 높인 과거 기록도 가지고 있다.

별들의 전쟁

앞에서 보듯 필립스의 LED 진화와 한국사랑은 저탄소 녹색성장이라는 국가적 어젠다를 닮아 또 한 번의 도약을 가시화시키고 있다.

LED 진화에 따라 전 세계는 LED의 본격적인 대폭발(빅뱅) 조짐이 보 이기 시작했다. LED 모듈 가격이 급격하게 내려가 시장 수요를 확대시키기에 충분한 '스위치 스폿(sweat sport)'에 도달한 것이 감지되면서부터다.

이를 위해 2005년부터 필립스는 루미네스와 컬러키네틱스, 그리고 젠라이트 등 11개 LED 관련업체와의 기업인수합병(M&A)을 통해 LED 칩·패키지·조명·디자인·설계까지 수직계열화를 완성시켰다. 몸집 불리기와 가치사슬을 위한 사전조치로 이해된 대목이다.

경쟁업체 관계인 GE와 오스람도 1위 필립스의 시장 점유율 16%를 깨기 위해 기업인수전에 돌입하고 있다. 일본 니치아는 특허 공세를 강화하여 '별들의 전쟁'에 불을 붙이고 있다.

이러한 업계의 변신과 변화는 LED 사업의 비즈니스 모델까지 바꾸고 있다. 글로벌 녹색성장산업에서 미래가 촉망되는 LED 진화를 위해 맨 먼저 글로벌 녹색성장 승자들은 LED 부품 생산에 중점을 두었으나 지금은 장치산업이 아닌 서비스산업으로 재정의하고 'LED 조명 서비스' 개발에 핵심역량을 모으고 있다.

실제로 2008년에는 LED 조명이 백열등에 대해 경쟁력을 갖는 것과 무관하지 않았다. 우선 형광등과 경쟁할 수 있는 수준으로 밝혀졌고 일단 양산되기 시작하면서 가격 하락에 속도가 붙고 반영구적인 수명과 에너지 절약 등 장점이 확인되면서 급속한 발전을 보이고 있다.

2000년 11억 달러였던 세계 LED 시장은 2003년에는 23억 달러로 커졌다. 올해는 110억 달러로 늘어날 전망이다.

별들의 전쟁에서 나타난 복병

LED 발전과 LED 라이프스타일 혁명이 어디까지 나아갈지는 속단하기 어렵다. 속단은 금물이다. 웰빙 혁명의 기대주가 LED 진화와 맥을 같이 하고 있음이 그렇다.

이렇게 LED 미래전망이 밝아지면서 별들의 전쟁은 벌써부터 중국이라는 복병에서 초긴장 상태다. 가격하락에 속도를 붙이는 데 중국세가 한 몫을 하고 있기 때문이다.

2008년 5월. 중국 상하이(上海)에서 개최된 '국제 LED 산업기술전' 은 'LED 대국' 으로 발전하는 데 중국 정부가 눈에 불을 켜고 있음마저 감지되었다.

중국 정부가 LED 조명으로 환경보호와 에너지 절약을 꾀하는 정책을 추진한 것이 목격되면서부터다.

조명의 LED화가 세계적인 추세라 글로벌 시장 규모가 해를 거듭할수록 커지고 있다는 점에 주목한 결과다.

이 전시회를 주관한 중국 정부는 국가전력의 15%를 소비하는 가로등과 터널등을 2015년까지 LED 조명으로 바꾸어 나갈 것이라고 밝혔다.

6,000여 개에 달하는 중국 조명회사가 한 해 설비투자(2007년 통계)로 40억 위안을 쏟아붓고 있다.

진행 중인 투자총액은 150억 위안에 달한다. 중국 LED 관련 산업 규모는 이미 300억 위안에 이르렀다.

이러한 정부 주도적 정책에 따라 LED 조명 핵심 칩 국산화율은 46%로 끌어올릴 수 있었고 LED 관련 제품 생산량 820억 개를 마크했다. 세계의 공장으로 불리는 중국이 LED 시장에서 저가공세를 계속 할 전망이라 별들의 전쟁을 치르고 있는 글로벌 강자에게는 긴장의 끈을 놓을 수 없게 한다.

뉴욕은 LED 기술전시장

뉴욕 타임스스퀘어 전광판
뉴욕 록펠러센터 설치된 브로즈웨이
뉴욕 콘데 네스트 카페테리아의 몽환적인 분위기 조성

전 세계 유행을 선도하고 있는 뉴욕이 최근 LED 조명시험장으로 변모하고 있다. 타임스스퀘어는 물론이고 시내 고급 레스토랑과 호텔 등 조명이 필요한 곳이라면 가리지 않고 LED가 급속도로 확산되고 있다.

필립스 조명기기의 케빈 다울링 박사는 "기존의 광섬유 조명에 비해 LED 전구의 크기가 작아 촘촘하게 박을 수 있다"면서 "더욱 선명한 화질을 얻을 수 있을 뿐 아니라 다양한 프로그래밍을 접목할 수 있다"라고 밝혔다. 매년 화려하게 진화하고 뉴욕의 밤거리 뒤에는 필립스의 LED기술과 개발능력에 의해 발전함을 알게 한 대목이다.

글로벌 녹색성장산업의 승자는 최고 · 최대 · 최초의 경지를 개척한 일에서 결정됨을 209년 창업역사를 기록한 필립스가 우리의 반면교사가 되고 있는지 모른다.

유비쿼터스 디지털 라이팅 시대 도래

뉴욕의 밤거리를 세계 명물로 재탄생시킨 필립스의 케빈 다울링 박사의 코멘트인 '다양한 프로그래밍 접목'에 따른 필립스 발언이 주목을 받고 있다.

2009년 9월 뉴욕에서 열린 국제조명전시회(Light Fair)에 참석한 루디 프로부트스 필립스 조명사업 CEO 코멘트가 기자들에 의해 밝혀진 내용이다.

"글로벌 조명산업에 큰바람이 불고 있다"고 전제한 다음 "앞으로 세계 조명의 트렌드는 유비쿼터스 디지털 라이팅으로 발전할 것이다"고 주장했음이 그렇다.

프로투트스 CEO의 멘트가 가능하게 만든 점은 우선 EU가 지난 2006년 12월 에너지 효율화 방안으로 2012년까지 백열등 등을 점진적으로 퇴출시키는 일이 진행됨을 사례로 들었다.

새로운 조명산업의 트렌드로 발전일 유비쿼터스 디지털 라이팅은 LED 모듈에서부터 설계는 물론 에너지 소비 감축에 이르기까지 연결된 토털

솔루션을 염두에 두지 않으면 글로벌 녹색성장산업에서 승자가 되는 일은 어렵다는 점이 판명된 셈이다. 준비하는 기업 필립스의 기업 존재와 기업 가치는 그래서 주목 이상의 기대주가 되고 있다.

4 도요타도 놀란 BYD

녹색성장산업에서 기술개발은 몸부림에서 비롯된다. 글로벌 경쟁에서 승자가 되기 위해서는 끊임없는 기술혁신을 통해 시장을 선도하는 고부가가치 핵심기술을 확보하여야 하는 당위성 조건에 따른 '변화의 몸부림'이다.

이 조건에 걸맞은 글로벌 녹색성장산업의 전기자동차업계 혜성(彗星) 비야디(比亞油 : BYD)는 앞에서 소개한 SB LiMotive와 대비된다.

전자는 리튬이온배터리의 다음 단계인 '철인산염' 자동차배터리를 이용해서 전기자동차 메이커로 급부상한 케이스이고 후자는 리튬이온배터리 최강자다.

BYD는 지난 10여 년간 꾸준히 배터리기술을 개발해 휴대폰업계에서 오래전부터 '국제 OEM(주문자상표부착생산)업계 황제' 라든가 '세계 OEM 업계 숨은 승자' 로 불리어 왔다.

최근 BYD는 변화의 몸부림을 통해 2차 전지·충전기 제조에서 자동차 사업에 뛰어들어 5년 만에 전기자동차 'F3DM' 을 출시해 세계를 다시 놀라게 했다.

올해 10월까지 한번 충전으로 400km나 달리는 완벽한 전기자동차 'E6'을 탄생시켜 글로벌 녹색성장산업의 미래와 함께 승자의 게임에 불을 붙이고 있다.

워런 버핏 BYD 투자로 10억 벌다

'가치 투자의 귀재'로 통하는 워런 버핏은 지난해 1년 사이 10억 달러라는 거금을 손에 거머쥐었다.

최근 블룸버그통신에 따르면 워런 버핏이 최대 주주로 있는 버크셔 해서웨이 자회사인 미드아메리칸 에너지홀딩스는 2008년 9월 BYD 지분 10%를 인수했다.

매수할 당시 BYD 주당 가격은 8 홍콩달러였다. 홍콩증시에 상장된 이 회사 주식에 워런 버핏의 투자소식이 알려진 이후 41.65 홍콩달러까지 올랐다. 1년 사이에 무려 5배 이상 상승한 셈이다.

버핏의 매입 당시 지분가치는 2억 2,500만 달러였으나 지금은 12억 1,000만 달러까지 올라갔다.

BYD는 2008년 'F3DM'에 이어 2009년 1월 디트로이트모터쇼에서는 'E6'을 선보이면서 승승장구하고 있다.

BYD 왕찬퓨 회장 풀 스토리

왕 회장은 올해 44세다. 안후이 우웨이 출신인 그는 1987년 중난(中南) 대학에서 야금물리화학을 전공한 뒤 1990년 베이징유색금속연구원으로 제직했다.

1995년 선전에서 충전용 휴대폰 배터리 제조업체를 창업하게 된다.

이때 그는 증권투자를 하고 있는 사촌형 뤼상양(呂向陽)에게 250만 위안을 차용해 시드머니로 삼았다.

하지만 지금은 2009년 개인 재산 51억 달러로 미국 경제전문지 포브스지가 선정한 중국 부자 1위에 링크되었다.

그리고 2003년 경영난에 허덕이던 시안 친촨자동차 지분 77%를 사들여 BYD로 개명하자마자 그는 날개를 달게 된다.

중국정부가 2004년 6월 자동차 신설 최소 투자액을 2억 4,000만 달러로 못박아 진입을 제한하면서 상대적으로 좋은 입지를 얻게 되어 대박이 따로 없다.

중국정부의 무한 지원

그 후 BYD는 자동차산업을 전략산업으로 키우겠다는 중국정부의 지원까지 받게 된다. 웅비의 날개를 단 셈이다.

여기서 우리가 주목할 일은 글로벌 녹색성산업의 승자가 되기 위해서는 뉴 그린의 속성상 많은 선투자에 의해서 발전함을 간과해서는 안 된다.

중국은 자원외교에서 최고 강자다. 2009년 9월 말 통계로 2조 1,316억 달러의 외환보유액을 가지고 있다. 이를 통해 녹색성장산업의 승자를 키우기 위해 발을 벗고 나섰다.

그 결과 세계 태양광발전의 기린아 선테크에게도 전폭적인 지원을 아끼지 않았기에 오늘날의 BYD가 함께 탄생할 수 있었다.

2025년 글로벌 전기자동차 시장 1위의 야심을 드러내다

워런 버핏은 왕찬퓨 회장을 "에디슨과 같은 기술적 난제해결 능력을 가진 데다 GE처럼 사업능력도 갖춘 인물이다"라고 평가하고 있다.

'가치투자의 귀재' 답게 워런 버핏은 중국신흥회사인 BYD에게 처음부터 2억 2,500만 달러를 투자하는 것에 드러나듯이 BYD의 미래 포트폴리오에 주목한 것이다.

버핏은 글로벌 녹색성장산업의 전기자동차 시장의 미래를 BYD를 통해 꿰뚫어보고 있었다. 실제로 BYD 급성장에는 기술력과 가격경쟁력에서 경쟁사와 비교해 월등하게 높다.

BYD가 만드는 전기자동차 양산 모델 'F3DM'은 시기적으로 앞설 뿐 아니라 가격도 파격적이다.

도요타와 GM이 개발 중인 전기자동차 예상가격 4만 달러의 절반을 조금 넘는 수준이다. 올해 출시될 'E6'도 기술면에서는 물론 가격경쟁력을 갖추고 있다. 우선적으로 BYD는 E6 부품 수를 대폭 줄이고 설계마저 단순화시켰다.

배터리도 10년 간 연구를 거쳐 '철인산염'을 이용한 신기술을 개발해 타사 리튬이온전지보다 안정성을 높여서 말이다.

이러한 BYD의 승승장구는 글로벌 금융위기로 고전을 겪고 있는 GM 등 미국 자동차회사들이 죽을 쓰고 있는 사이에 승승장구하고 있다. 세계 최상급 기술력과 판매력을 자랑하는 일본 도요타까지도 앞질러 전기자동차 기술 최고의 기업으로 자타가 인정하고 있다.

오는 2025년까지 글로벌 전기자동차 시장 1위를 내다보고 있을 정도다.

이처럼 중국 토종기업 BYD는 창업 역사 15년 만에 세계가 주목하는 녹색성장산업의 혜성처럼 등장한 다음부터 자기 목소리를 가지게 되었다.

5 발전설비 3대 원천기술 완비로 승자에 오른 두산중공업

　지구촌의 핵심 의제는 단연 '그린'이다. 그냥 그린이 아니라 세계적인 그린 전도사로 자타가 인정하고 있는 토마스 프리드먼은 글로벌 금융위기 이후의 현대를 '에너지기후시대(ECE)'로 규정했다.

　이명박 정부의 '저탄소 녹색성장'도 이산화탄소를 적게 내뿜는 산업을 신성장동력으로 키우겠다는 정책 방향마저 '에너지기후시대'와 같은 반열이고 같은 맥락이다.

　지난해 9월 미국 뉴욕 유엔본부에서 열린 '기후변화 정상회의'에 참석한 이명박 대통령은 "한국은 매년 국내총생산(GDP) 2%를 녹색기술에 투자하겠다"는 방침을 천명하면서 "녹색성장전략을 통해 녹색기술 개발에 과감하게 투자하고 녹색성장산업을 한국의 미래 목표로 삼아 진행하고 있다"고 밝혔다.

　분명히 여기에는 기후변화에 관한 위협의 대응이고 동시에 일자리 창출의 기회로 보고 있다는 정책적 시그널일 수 있다.

　기후변화 대응이야말로 지구의 운명과 직결된 문제이자 우리가 풀어야 할 지상과제다. 눈앞의 이익 때문에 후손들의 미래에 눈을 감는 것은 도리가 아니기 때문에 그렇다.

그래서 우리는 글로벌 녹색성장산업의 승자에게 박수를 보내기 시작했고 이런 연장선상에서 코리아의 녹색 기술의 지존(至尊)에게 거는 기대는 매우 남다르다.

목마른 인류, 바닷물을 마신다

녹색기술 한가운데는 물이 있다. 물과 공기의 만끽은 인류 공동의 풍요로움과 함께 공동의 번영을 구가시키는 힘이 있다.

우선적으로 물 문제의 해결 없이 기술만능의 현대를 '그린 에이지(green age)'라고 불리는 것은 난센스에 가깝다.

하지만 지금 세계는 심각한 물 부족 상태다. 지구에 있는 물의 양은 13억 8,600만 km³로 추정되는데 그 가운데 87%는 바닷물이다.

세계 인구의 40%가 물 부족에서 자유스럽지 못해 식생활의 고통을 받고 있다. 그래서 목마른 사람들은 흔하고 흔한 바닷물을 담수(淡水)로 바꾸는 것을 꿈꾸어 왔다.

그 첫 대안이 지하수 개발과 인공강수다. 지하수 개발은 수원 고갈이나 수질 오염을 피할 수 없고 인공강수는 아직 실험단계에 머물고 있다.

차선으로는 바닷물을 담수로 바꾸어서 사용하는 일을 생각할 수 있다.

바닷물을 담수로 바꾸는 것은 이론적으로 간단하다. 소량이라면 일반 가정에서도 바닷물을 데워 생기는 수증기를 식혀서 마시면 된다.

그러나 수십만 명이 먹고 마시고 공장을 돌릴 만한 양이라면 얘기는 달라진다. 무엇보다 천문학적인 돈이 든다.

하지만 중동의 석유는 오일달러를 낳았고 이를 통해 중동지역 국가들은 물 부족에서 자유스러움을 얻기 위해 담수화설비에 목을 매고 있다.

UAE 후자이라 화려한 야경(夜景)

우리는 담수화설비하면 중동지역 후자이라의 발전·담수설비공장을 떠올리게 된다. 중동지역 담수화 플랜트에 한 획을 긋는 아랍에미리트연합 후자이라 담수공장은 두산중공업의 작품이다.

지난 2001년 8억 달러에 수주해 2003년 12월에 준공시킨 후자이라 발전·담수공장은 이제 담수화설비의 기념비적 공장이 되었다.

이 설비에는 하루 45만 톤의 물을 생산한다. 45만 톤은 150만 명이 하루 동안 쓸 수 있는 양이다. 한국중공업 공장이 있는 창원과 인근 마산 인구의 하루 소비량과 맞먹는다.

담수공장의 핵심은 증발기다. 후자이라에 쓰인 초대형 증발기는 두산중공업이 자체 그린 테크놀로지인 '원 모듈(One Module)' 공법에 따라 네개 파트로 나누어 한국에서 제작했다.

공기단축을 위해서다. 이 구조물을 대형선박에 싣고 현지로 수송하는 기민성을 살려 통상 24개월이 걸린 공사 기간을 반으로 줄이는데 성공했다.

대단한 '한국인' 이라는 찬사가 쏟아졌다. 초대형 복합 그린 플랜트를 성공적으로 마무리함으로써 두산중공업은 중동지역 시장에서 공사 수주의 유리한 발판을 마련할 수 있게 되었다.

후자이라 그린 플랜트 공장의 야경(夜景)은 그야말로 장관이다. 중동지역 언론매체에 의한 대서특필로 지금은 단골 견학 코스의 하나가 되었다.

아시아 최초로 3MW급 풍력터빈 상용화에 성공하다

지난해 9월 두산중공업 창원공장에서는 아시아 최초의 3MW급 풍력터빈 'WinDS 3000' 이 일반인에게 공개되었다.

170톤의 이 발전기는 일반 아파트 30층 높이로 향후 글로벌 그린 마켓에서 주목 이상의 가치를 만들어낼 것이 예단되고 있다.

이 시제품은 제주도 구좌읍 김녕 해안 80m 상공에 설치된다. 두산중공업이 제작한 이 발전기는 1기당 연간 788만 4,000MWh의 무공해 전력을 생산해 연간 500여 톤의 온실가스 감축 효과를 덤으로 얻게 된다.

두산의 그린 테크놀로지 골격은 인프라 지원사업

(ISB : Infrastructure Support Business)

2009년 9월 14일.

이 날은 두산중공업에게는 창업 8년째에 해당한다. 2001년 출범한 두산중공업(한국중공업의 후신)은 발전 부문에서 글로벌 녹색성장산업의 승자가 되기 위해 2005년 두산인프라코어와 2007년 밥콕에 이르기까지 ISB 관련 기업들을 성공적으로 인수합병했다.

하지만 세계적인 발전 메이커가 되기 위해서는 세 가지 기술이 수직적으로 이루어져야 한다. 보일러 · 터빈 · 발전기의 원천기술이 삼위일체로 구비되어야 한다.

그래야만 규모의 경제와 연결의 경제에서 시너지 효과를 얻게 된다. 국제경쟁력 확보가 가능할 수 있음이 그렇다.

두산중공업은 보일러와 발전기는 원천기술을 이미 보유하고 있었으나 터빈부문은 GE 등 해외 기업에 의존해 왔다.

터빈 원천기술의 확보가 필요했던 두산중공업은 2009년 1월 발전용 터빈 원천기술을 보유하고 있는 스코다파워가 기업인수합병(M&A) 시장에 나오자 긴 협상과정을 거쳐 그날 체코 프라하에서 스코다파워 지분 100%를 4억 5,000만 유로(약 8,000억 원)에 인수했다.

체코 스코다홀딩의 자회사인 스코다파워는 전 세계 터빈 시장에서 85%를 차지하는 있는 50Hz 타입 스팀 터빈 원천기술 보유 메이커다.

이제 두산중공업은 발전소의 핵심설비인 보일러 · 터빈 · 발전기를 패키지(BTG : Boiler, Turbine, Generator)로 제작할 수 있는 역량을 갖추게 된 셈이다.

향후 발전설비 시장에서 GE와 지멘스, 그리고 알스톰 등 글로벌 업체와 경쟁할 수 있는 기반을 갖추게 됨을 의미한다.

CO_2 배출이 없는 그린 발전소를 짓다

이산화탄소를 배출하지 않고 석탄 화력발전소에서 전기를 생산할 수 있는 길이 세계 최초로 개발에 성공하였다.

전 세계가 글로벌 그린 비전에서 가장 필요한 기술 가운데 하나가 바로 CO_2 배출이 없는 석탄 화력발전소 출현이다.

왜냐하면 지구촌 CO_2 배출 주범은 두 가지 아이템이 절반을 차지하고 있다. 하나는 자동차가 내뿜는 CO_2이고, 다른 하나는 석탄 혹은 정유발전소에서 발생하는 CO_2로 판명되고 있었기 때문이다.

최근 두산중공업이 개발한 이 그린 테크놀로지야말로 지금 당장 상용화가 가능하다는 점에서 그 의미는 지대하다.

석탄 화력발전소는 석탄을 태워 물을 끓이고 이때 나오는 고온 · 고압의 증기로 터빈을 돌려 전기를 생산한다. 석탄 화력발전소는 일반적으로 500~800MW의 전력을 생산한 반면 이번에 상용화가 가능한 40MW 급

보일러 수십 기를 배치하는 방식으로 대량의 전기를 만들 수 있게 된다.

실제로 지구촌의 발전시설 가운데 석탄을 이용하여 전기를 생산하는 화력발전소는 50%에 이른다. 이를 두산중공업이 두산 밥콕과 함께 상용화의 길을 열게 된 것이다. 그것도 세계 최초로.

두산중공업이 해수 담수화 사업에 뛰어든 것은 한국중공업 시절인 1978년으로 거슬러 올라간다.

사우디아라비아의 파라잔 프로젝트를 시작으로 UAE의 후자이라 발전·담수공장에 이어 슈웨이하트 2단계 담수화설비까지 중동지역에서 대박행진을 이어가고 있다.

이제 두산중공업은 해수 발전·담수 그린 플랜트 시장에서 세계시장 점유율 42%를 차지할 정도로 일취월장하고 있다.

6 기업 변신에 강한 LS산전의 히트송

글로벌 금융위기를 겪으면서 글로벌 녹색성장산업 승자들에 공통점은 세 가지로 요약할 수 있다. 하나같이 그린 테크놀로지 확보와 그린 에이지(green age)가 요구하는 수준의 기업 변신, 그리고 해외시장 선점에 올인하는 기업들이 상대적으로 많았다는 짐이 두드러진 현상이자 세계적인 추세다.

기업 변신은 녹색성장산업 승자에게 가장 보편적인 변화로 이해되고 있다. 제조업의 한계를 벗어나지 않고는 제5의 물결 그린혁명을 완수하는 데 제도적 뒷받침이 이를 용인하지 않기 때문이다. 아니 부족할 수밖에 없다. 시대적 변화조차 이용하지 못하면 녹색성장산업이 승자 되기는 짝사랑에 불과하다.

그래서 러브콜 수준의 히트송은 많을수록 좋다.

희망가의 가사마다 '당신만을 위해……' 라는 노랫말이 필수로 불러지는 것이 이를 잘 방증시켜준다.

예를 들면 덴마크의 베스타스가 농기구 메이커에서 풍력발전의 거인이 되었고, 중국 BYD가 전기자동차로의 업종 변경은 기업변신에 성공한 케이스다.

글로벌 녹색성장산업 승자에 올인하고 있는 LS산전의 기업 변신은 그래서 우리에게 시사한 바 크다.

LS산전, 미국 스마트그리드 시장 첫발

몰락한 철강 도시가 그린 도시(green city)로 변화한 미국 펜실베이니아 주 피츠버그가 'G20 정상회의'를 통해 재도약을 보여준 2009년 9월 25일.

LS산전은 보도자료를 통해 미국 스마트그리드 시장 진출을 위한 교두보 마련에 성공하였다고 발표했다.

바로 그날 LS산전은 미국 워싱턴에서 미국 AMI통신 인프라스트럭처 기업인 실버스프링 네트웍스와 사업협력의향서(BAC) 서명식을 가졌다.

실버스피링 네트웍스는 AMI통신 인프라스트럭처를 제공하는 메이커로 미국 내 시장 점유율 25%를 기록해 1위에 링크되어 있다.

여기서 스마트그리드는 전력망과 정보기술(IT)을 결합한 차세대 지능형 전력망으로 녹색성장산업에 관련된 거의 모든 분야와 연계되는 녹색성장의 인프라다.

각종 전선(電線)을 제조하고 있는 LS산전이 그린 에이지를 맞아 변신에

강한 장점을 그대로 살려낸 다음 곧바로 이번 협력을 통해 미국 ANSI
(American National Standard Institute) 통신 표준에 맞는 스마트미터기를
생산할 수 있게 되었다.

국제표준화에 실패해 해외시장에서 홈네트워크 시스템이 햇빛을 보지
못한 과거를 기억하면 표준화부터 챙기는 데서 LG산전의 기업변신은 주
목 이상의 의미를 부여할 수 있다.

바로 이점은 글로벌 녹색성장산업이 요구하는 '그린시드(green seed)를
찾아라'를 제대로 읽고 있다는 대목으로 해석해도 좋다.

2015년 그린 매출 2조 원 달성

최근 녹색성장 기업으로의 변신을 선언한 LS산전은 2015년 그린 비즈
니스 분야에서 매출 2조 원을 달성한다는 목표를 발표했다.

이를 위해 2012년까지 2,000억 원을 투입해 현재 전체 매출액의 10%
수준인 그린 비즈니스 매출을 2012년 전체 매출의 24%로 끌어올린다는
야심한 계획은 기업비전으로 볼 수 있다.

2015년에 이르면 전체 매출의 47%까지 달성하겠다는 점을 수치화로
밝혔기 때문에 그렇다.

특히 LS산전은 40억 원을 투자해 인수한 플래넷(Planet)사의 그린 테크
놀로지를 활용해 그린 비즈니스 강화에 이미 돌입한 상태다.

전력선통신(PLT)과 LED 사업의 원천기술을 보유한 플래닛을 통해 글로벌 녹색성장산업의 희망가를 부를 준비를 더하고 있다. 가능하면 희망가가 히트송이 되게끔 말이다.

19세기 말 '철강왕' 엔두르 카네기가 피츠버그에서 철강공장을 세웠던 이후 과도한 공해와 스모크 탓에 '뚜껑 열린 지옥 도시'가 그린 시티의 옷으로 갈아입고 변신에 성공하였듯이 LS산전의 기업변신은 시대적 요청에 대한 부응일 수 있다.

그린 비즈니스에 대한 관심이 높아지면서 이 같은 분위기에 편승해 충분한 준비를 거쳐 중국 BYD그룹이 그린카(green car)에 승차하려는 일과 대비시켜 다른 포맷으로 접근하려는 점이야말로 변신의 역사를 쓰고 있는 LS산전답다.

각종 전선에 그린 옷을 입혀 녹색성장산업 승자로

경기도 안양시 소재 LS산전 연구소. 100여 명의 연구원은 커다란 전력제어장치와 대형 컴퓨터 사이를 오고가며 상황 체크에 여념이 없다.

한쪽에는 앞으로 가정마다 부착 예정인 소형 모니터들이 빼곡히 설치되어 있었다. 모니터 화면에는 각 가정에 부과될 전기요금 수치가 전력사용량과 시간대·사용 목적에 따라 수시로 바뀌고 있었다.

녹색성장산업의 최대 그린 테크놀로지로 예상되는 스마트그리드

(Smart Grid)의 초기 모델을 시험하고 있는 LS산전 기술현장 스케치다.

LS산전연구소에서 스마트그리드를 자체 실증 실험한 결과 전기 사용량에 대한 실시간 정보만으로도 가구당 6~13% 정도의 전력 사용의 절감 효과를 기대할 수 있다고 밝혔다.

각종 전선을 제조하는 메이커로서 스마트그리드는 하드웨어에 넣어야 할 소프트웨어다. 그냥 도로와 공장, 길과 집 사이에 거미줄처럼 이어져 기존 전선 인프라를 스마트그리드를 통해 그린의 옷을 입혀 고부가가치를 얻어낼 수 있는 세상이 오고 있음을 직시했다고 볼 수 있다.

미국 등 기술선진국은 시험 단계를 넘어 상용화 단계로 접어들면서 지금은 국제표준을 제안하는 수준에 이르렀다.

이제 LS산전은 전선에 그린이라는 기술의 옷을 입혀 '새로운 희망 – 그린 뉴딜'을 달성하려는 기업적 변신은 신선한 충격이 아닐 수 없다.

최근 LS산전은 진도와 제주를 잇는 105km 거리를 단번에 이어냈다. 해저 케이블공사에서 '케이블 합침기술'을 통해 완공시킨 쾌거를 달성했다.

LS산전이 세계 네 번째로 개발한 250kw짜리 초고압선으로 만들어진 해저 케이블이 송전하는 전력량은 전체 400MK로 40만 가구가 쓸 수 있는 용량이다.

LS산전이 기업변신에서 가장 역점을 두고 있는 부문이 스마트그리드라는 점은 어쩌면 자연스런 발상이자 변신의 무게를 느끼기에 조금도 부족함이 없다.

7 그 끝없는 질주를 향한 글로벌 STX

'메이원티(沒問題)'

최근 중국인들에게 가장 많이 사용하는 말이다. 걱정이나 문제가 없다는 의미다. 지난해 10월 건국 60주년을 맞은 13억 인구 중국인들에게서 새로운 자신감을 대변한 언어이기도 하다.

60년 전 마오쩌둥(毛澤東) 국가 주석은 국난이 있을 때마다 "곤경에는 극복방법이 있고 희망이 있다(有困難 有辨法 有希望)"를 입에 발랐다는 얘기는 이제 전설이 되었다.

중국이 입을 열면 오바마도, 차베스도 귀를 세운다는 일이 빈말이 아니게끔 중국의 위상은 2조 달러에 달하는 외환보유고에 의한 자신감일 것이다.

글로벌 녹색성장산업에서 미래 기대주로 떠오르고 있는 STX는 지난해 9월, 원자바우(溫家寶) 중국 총리는 STX 다롄 조선해양종합 생산기지를 깜짝 방문했다.

중국 라오닝성 다롄에서 개최된 세계경제포럼(WEF) 하계대회에 참석한 가운데서 치른 방문이었다.

강덕수 STX 회장으로부터 크루즈선 모형을 선물로 받는 원자바오 총리는 "고용 창출에 감사한다. 중국은 도움을 준 것은 쉽게 잊지만 도움을 받는 것은 절대 잊지 않고 보은(報恩)하다"면서 "지원을 아끼지 않겠다"고 밝혔다.

천정가오(陳政高) 라오닝성 성장을 포함한 총리 일행에게 강덕수 STX 회장은 이렇게 화답했다.

"메이원티(별 문제가 없습니다)."

한국 M&A의 국가대표

STX의 기업 포트폴리오를 살펴보면 대략 네 가지로 정리된다. 조선 · 기계 부문을 비롯하여 해운 · 무역 부문과 플랜트 · 건설 부문, 그리고 에너지 부문으로 나누고 있다.

이러한 사업 포트폴리오가 거의 기업인수합병(M&A)에 의해 형성되었다는 점이 바로 '글로벌 STX'의 진면목이다. 그룹 매출의 90%를 해외시장에서 올리고 있음이 더욱 그렇다.

현재의 STX는 대동조선의 인수였고, STX팬오션은 범양상선의 인수였다. STX유럽은 노르웨이 크루즈선 아커야즈(Aker Yards)의 인수였고, STX에너지는 산단에너지의 인수에 의해 재탄생된 셈이다.

　최근 STX에너지는 그린 에이지(green age)를 맞아 녹색성장산업 동력으로 키우기 시작했다. 한국 M&A 대표선수다운 기업행보이고 동시에 기업컬러로 이해되는 대목이다.

　이미 STX솔라를 세워 그린 비즈니스를 향해 태양광 · 풍력 · 담수처리 등으로 사업 포트폴리오를 넓혀가고 있다.

　이러한 변화 과정 나열로는 한국 M&A의 국가대표를 제대로 알 수 없다. 팩트를 위해, 객관성 잣대를 들이밀기 위해 '메이워더'를 즐겨 사용한 강덕수 STX 회장의 멘트를 읽어야 한다. 최근 국내 언론사와의 인터뷰 내용은 도움말이 된다.

　"M&A는 사업의 수단이지 주(主)가 아니다. 돈으로 기술과 시간을 구입하는 것이 M&A인 만큼 사업과 사업 간 연관효과가 없는 분야에 도전하는 것은 위험하다.

M&A 성패는 거래를 성사시키는 것보다 인수·합병 이후가 좌지우지하고 또 중요하다. 실제로 인수작업이 끝나면 피인수 기업 종업원들의 로열티를 높이고 기업 가치를 제고시켜 경쟁력을 키워야 한다."

이러한 멘트는 '기술이 없다면 기술 가진 기업을 사라' 는 중국 정부의 신경제 철학과도 일맥상통한 대목이다. 자원외교에서 단연 블랙홀로 지칭되는 중국의 M&A 정책과도 부합된다.

논리를 더 비약시켜보면 진정한 글로벌 녹색성장산업의 진정한 승자가 되기 위해서는 그린 테크놀로지를 빼앗지 않으면 빼앗기는 시대로 접어든 점을 강덕수 STX 회장은 이미 간파한 것으로 이해된다.

STX유럽의 탄생

논리를 더 비약시키면 향후 M&A를 통한 글로벌 녹색성장산업의 STX 기업행보까지 유추가 가능하다.

3년 전인 2007년 노르웨이 크루즈선 아커야즈 인수시절부터 행사하던 M&A역사가 그대로 이어질 공산이 커지고 있다.

STX유럽 출범 과정은 세계 조선업계를 놀라게 한 사건이다.

강 회장 특유의 글로벌 감각과 속도경영이 어우러져 일궈낸 최대 성과

였기에 그렇다.

실제로 STX유럽 인수는 프랑스와 이탈리아, 덴마크와 노르웨이 등의 견제로 험난한 과정을 거쳐야만 했다.

STX유럽은 200년 넘게 '유럽의 자존심'으로 불렸던 만큼 낯선 아시아 회사가 인수하는 것에 대해 현지에서 충격이 컸다.

아커이즈 노동조합은 구조조정을 염려해 반발했고 유럽 조선업체들은 자국 정부가 직접 개입할 것을 촉구했었다.

이때 강 회장은 현지 조선소를 직접 찾아 나섰다. 글로벌 금융위기가 겹친 2008년 9월 노조관계자 100여 명과 일일이 악수하며 "우리는 인재를 가장 중요시하는 기업으로 조선소 경쟁력 강화를 위해 최선을 다할 것이다"라고 약속했다.

니콜라 사르코지 프랑스 대통령도 생나자르 조선소를 찾아 "STX와 협력해 세계적인 경쟁력을 갖춘 조선소로 계속 육성해 나가겠다"라고 화답했다.

STX유럽 임직원들의 불안감은 점차 신뢰로 이어갔음은 물론이다. 결국 강 회장이 뚝심 있게 추진한 'STX유럽'은 이렇게 시작되었다.

특히 올해부터는 친환경 선박개발에도 착수한다. 우선 1차적으로 기술투자비 1,000억 원을 투자해 친환경 선박인 '에코십(Eco Ship)' 분야의 연구·개발에 역량을 집중할 방침이라고 한다.

강덕수 회장이 이끌고 있는 STX그룹은 유럽-한국-중국을 잇는 글로벌 3대 생산거점을 통해 세계적인 글로벌 녹색성장산업의 승자로의 등극이 가시화되고 있다.

결론적으로 STX그룹의 M&A 성공전략은 '선택'과 '집중'으로 요약할 수 있지만 그린 에이지가 요구되면서 세분화된 전술적 대응을 배제하기 어렵다.

예를 들면 우리가 흔하게 듣던 선택과 집중에서 진일보된 개념으로 '선택은 가치'로 변화시키고 반면 '집중은 미래'로 규정하는 '메이원티'가 그래서 더욱 빛이 나고 있다.

뿐만 아니라 선언적 메시지로서 새롭게 의미를 반추하는 일도 더욱 필요해졌다.

STX 환경경영

STX는 일찍부터 환경경영에 대한 비전제시를 통해 지속가능한 고속성장을 추구하고 있다. 지구환경보존과 쾌적한 생활환경을 만들기 위하여 건강한 환경이 우리의 생명이라는 정신으로 간주해 다섯 가지 구체적인 실천행동을 발표했다.

하나, STX인 모두는 환경보존을 일상생활화하기 위해 긍정적이고 적극적인 행동으로 참여하고 실천한다.

둘, 제품개발 · 구매 · 생산 · 판매 등의 전 단계에서 환경기술을 개발하고 동시에 환경보전에 공헌할 수 있는 재활용 등의 적극적인 도입을 위한 제도를 정착시킨다.

셋, 국내외 환경기준을 엄격히 준수하며 환경오염 물질의 원천적 발생부터 차단시킨다.

넷, 선진화된 환경경영체제로 묶어 예방적 환경체제를 조기 정착시켜 나간다.

마지막 다섯, 기업의 사회적 공헌을 위해 사회와의 협력을 강화하고 동시에 협력업체와의 환경관리를 위해 적극적인 지원을 강화한다.

2009년 자연순환선도기업 대상을 거머쥐다

STX는 이러한 환경경영에 힘입어 녹색성장 정책에 기여한 공로로 '2009년 자연순환기업 대상'을 받았다.

STX의 수상은 폐기물 관리에 심혈을 기울인 결과다. STX는 폐기물 관리 시스템을 개발하여 발생량과 처리비를 실시간 감시해오고 있다.

특히 도장면적 측정 프로그램을 도입해 폐도료 발생량을 줄이고 도막 편차를 줄임으로써 각종 도료 사용을 최소화시키고 있다.

STX가 발표한 자료에 따르면 이러한 노력으로 2008년 한 해 동안 폐기물 발생량을 전년도 대비 22% 정도 줄임으로 인해 2억 1,000만 원을 절약할 수 있었다고 한다.

STX는 선박건조에도 그린 (green)을 입히는 등 친환경을 적용해 해외시장 개척에 매우 적극적이다.

비장의 STX 그린 무기는 선박 배출가스 가운데 질소와 황산화물과 같은 환경 규제물질을 45% 줄이고 대신 연비효율은 41% 향상시켜나간 데 있다. 여기다가 엔진에서 배출되는 뜨거운 폐가스를 전기에너지로 전환시켜 재활용하는 데도 성공했다.

세계적으로 배출가스 규제가 강화되고 고유가가 지속되자 STX는 2008년 1월부터 태스크포스를 구성해 연구개발에 착수하여 1년 반 만에 이와 같은 괄목한 그린테크놀로지 성과를 얻어냈다.

이른바 '친환경선박(Eco-ship) 프로젝트' 다.

결국 STX는 향후 환경규제 강화를 대비해 10년 미래를 내다보고 세계 선박시장의 판도까지 바꾸는 획기적인 그린 십(green ship)을 준비하고 있음을 알 수 있다.

이 책 4장 '글로벌 녹색성장산업 승자'는 글로벌 그린 마켓에서 소리 없는 전쟁을 치르고 있는 승자들에 관한 트렌드 연구서 또는 글로벌 그린 마켓의 시장 보고서다.

중동지역에서 강한 GE를 비롯하여 리튬이온배터리의 거인 SB LiMotive와 도요타도 놀란 BYD, 그리고 승자 반열에 등극하려는 두산중공업 · 새로운 '에너지기후시대'의 강자 LS산전 · 친환경 선박을 제품화한 STX 등 모두 7개 기업을 등장시켰다.

제4장을 마무리하면서 더 많은 승자가 소개되기를 기대하고 다음 장으로 넘어가 보자.

Chapter 5.
글로벌 그린 마켓에서 보낸 초대장(招待狀)

1 제로 에미션 하우스

우리 마케터들 사이에는 하나의 불문율(不文律)이 있다. 하나의 전통이다. 우리가 흔하게 듣는 '백문(百聞)이 불여일견(不如一見)'에서 얻은 직업철학이다.

듣고 느끼는 것보다 직접 보고 만지고 나서 지갑 끈을 여는 지구촌 소비자의 실제상황이 아니더라도 현지답사와 현장파악에서 팩트라는 정확한 시장조사가 가능함을 금과옥조(金科玉條)로 삼는 데 익숙한 것에서 비롯된 직업병이다.

이러한 믿음과 철학에 의해 소비자의 감성을 자극하는 현대 광고의 진수(眞髓)를 광고매체에 녹아낼 수 있다는 광고철학도 오십보백보다.

때문에 마케터들에게서 현장실사와 현장 필링만이 우리 마케터만의 노하우를 얻어내는 길라잡이가 된다.

무엇에 우선하여 그린 현장에서 글로벌 마켓 트렌드를 파악하고 함께 시장조사와 시장연구를 통해 소비자 니즈를 얻어내게 된다. 그래야만 틈새시장 개념에서 새로운 비즈니스 모델(MB)을 제안하는 것이 가능할 뿐 아니라 이를 명분론으로 삼는 데서 직업적 몰입의 힘이 생긴다. 바로 여기에서 직업적 성취감이 나오기 때문이다.

우리 모두가 익히 아는 일을, 너무나 많이 듣던 메시지를 이렇게 내가 중언부언(重言復言)하는 것은 글로벌 그린 마켓을 직접 찾아나서 발로 뛰는 억척(?)만이 제대로 된 글로벌 녹색성장산업의 어제와 오늘, 그리고 미래를 제시하고 조명할 수 있다는 믿음에서 비롯되었다.

이를 위해 이번 장에서는 글로벌 그린 마켓에서 보낸 초대장 형식을 빌려 전 세계가 주목하는 글로벌 그린 마켓 현장으로 안내할까 한다.

현장 · 현장 · 현장

글로벌 그린 마켓을 제대로 이해하고 제대로 파악하기 위해서는 단 한 가지 주의만이 존재한다. 현장 제일주의다.

믿거나 말거나가 아닌 실제상황에서 제대로 된 틈새시장에서의 비즈니스 모델 제안이 가능함을 앵무새처럼 읊조려 보는 이유이기도 하다.

다시 중언부언하자면 글로벌 그린 마켓이 보내는 현장의 초대만이 힘과 생명을 기대하는 원동력이 될 수 있다. 이게 바로 우리 마케터 세계에서 통용되는 성공적 바이블이 된다.

이러한 의도적 메시지 교훈에 따라 그린 마켓의 교과서를 쓰고 있는 글로벌 그린 현장을 함께 떠나보자.

이바라키 현 고가 시

일본 수도 도쿄에서 100km 떨어진 이바라키 현 고가 시.

일본 수도의 위성도시로서 전원풍광이 특색이라면 특색이다. 그러나 글로벌 그린 마켓에서 첫 번째로 초대장을 받을 수 있는 곳이어서 우리의 주목이 집중되고 있다.

고가 시에 위치한 '제로 에미션 하우스' 하면 그저 그러한 그린 타운(혹은 견본주택)으로도 볼 수 있다.

하지만 지난 2007년 7월 일본 홋카이도 도야코에서 열린 'G8(선진 8개국) 정상회의' 당시 참석자와 세계 언론인들에게 첫 선을 보여 에너지 절약형 견본주택으로서 천사와 시샘을 골고루 받았던 '제로 에미션 하우스'라고 포장하면 감은 다를 수밖에 없다.

TV 매체를 통해 보았던 이미지라 "맞아! 바로 그 견본주택"이라고 기억을 떠올릴 것이 자명하다.

이런 연유로 2010년 들어 일본 언론매체의 광고에는 '그린 하우스' 광고가 봇물을 이루고 있다.

주요 광고주는 미시와홈(Misawahom)을 비롯하여 다이와(大和) 주택과 세키수이하우스((淸水住宅) 등이 톱을 형성해 대대적인 판매전쟁을 치르고 있다.

이바라키 현 고가 시에 있는 '제로 에미션 하우스'는 세키수이하우스가 세운 그린 견본주택으로 이게 '그린 하우스'의 대박을 탄생시켰다.

도야코 정상회의 후광을 그대로 이어받았고 이를 광고전략에 이용한 것으로 해석해도 좋다.

첫선은 G8 정상회의에서

세키수이하우스 간토공장에는 제로 에미션 하우스가 딱 버티고 있다. 문자 그대로 CO_2를 전혀 배출하지 않는 집을 가리킨다.

세키수이하우스의 제로 에미션 하우스 출발은 앞에서 언급한 대로 G8 정상회담이 열린 홋카이도 도야코의 모델 하우스였다.

제로 에미션 하우스는 G8 정상회의 동안 인근 국제미디어센터에 설치했었다. 일본이 자국의 환경기술을 국내외에 PR하기 위해 물경 2억 엔의 건설비를 들어 세운 견본주택이다.

$280m^2$ 대지 위에 세워진 제로 에미션 하우스는 말 그대로 온실가스의 주범인 CO_2를 거의 배출하지 않은 것에서 점수를 받게 되었다.

그 후 2008년 11월에 모델 하우스를 그대로 이바라키 현 고가 시로 옮겨 '그린 홈'의 모델로 유명세를 이어가고 있다.

정확하게 표기하자면 2세대 그린 홈이다. 1세대는 일본 신재생에너지 기술개발기구(NEDO)가 주체가 되어 일본 구마현의 553 가구 규모의 팰타운으로 이미 건설완료(2002년~2007년)된 상태다.

팰타운의 특장점은 주택 지붕을 이용하여 태양광을 한곳에 모아 에너지 효율의 20%를 올리고 이를 통해 연간 필요전력 80%를 생산하는 등 그린 하우스의 가능성에 청신호를 보낸 녹색성장산업에서 기억되는 그린 하우스였다.

2세대 고가 시의 제로 에미션 하우스는 1세대 팰타운에서 진일보된 에너지 절약형 주택으로 구분할 수 있다.

22세대 제로 에미션 하우스

세키수이하우스의 제로 에미션 하우스는 겉모습부터 다르다. 정면지붕은 1세대 그린 하우스처럼 태양광발전을 위한 전지판으로 덮여 있다.

그린 하우스 왼쪽에는 풍력발전을 위한 바람개비 장치가 버티고 있고, 앞쪽에는 수소연료전지 장치가 설치되어 있다.

한마디로 제로 에미션 하우스의 재원은 태양광·풍력·수소연료전지 등 사용 가능한 모든 발전 시스템을 갖춘 셈이다.

지금의 일반주택의 개념에서 에너지 절약을 최우선하여 이를 상품화한 것으로 이해하면 된다.

하지만 NEDO의 환경기술과 탈석유 시스템을 주택건축업체 세키수이하우스와 손을 잡았다는 데 의미부여가 가능하다.

제로 에미션 하우스의 특장점은 우선 널찍한 유리창은 3중으로 만들었고 그 유리창 사이는 진공이다. 단열효과를 살리기 위해서다.

또한 벽면은 최첨단 단열재를 사용하여 그린 하우스의 백미를 연출하고 있다. 벽에 물을 뿌리자 그 자리에서 흡수된다. 집안에 습기가 많아지면 이를 흡수하고 대신 건조해지면 습기를 내뿜도록 처리하고 있다.

실내조명과 전자제품도 그린 하우스 형이다. 우선 조명은 전기가 덜 드는 유기발광 다이오드(OLED)로 치장했고 에어컨은 사람의 동작과 위치를 감안해 바람을 공급하는 지능형 스마트홈 시스템을 채택했다.

더 눈여겨보면 한쪽 구석에는 공기 집진시설을 갖추어 놓고 바깥 공기가 집안으로 들어올 때 유해물질을 걸러내는 데 사용하고 있다.

한마디로 일본이 자랑하는 환경기술을 총동원한 집이다.

이를 통해 CO_2 배출이 전에 비해 절반으로 줄였다. 나머지 절반도 태양광·풍력·수소전지 등을 통해 생산되는 전력을 감안하면 상쇄하고도 남는다.

33세대 그린 하우스

일본의 그린 하우스 환경기술은 정부연구기관이 제공하고 시공과 판매는 대형 주택회사가 맡아 이원화 운영으로 구체화시키고 있다.

문제는 일반 주택에 비해 건축비가 비싸다는 점이다. 이를 시정하기 위해 소비자가 원하는 맞춤형 그린 하우스를 공급하고 있다.

견본 주택도 다섯 가지로 세분화시켰고 판매가 늘면 그만큼 가격하락

요인이 발생하게 됨으로 이를 위해 광고라는 판매수단에 목을 매고 있다.

3세대 그린 하우스의 미래상은 갈수록 고령화되어 가는 일본 시대상황을 감안하여 웰빙과 자기성취라는 콘셉트를 접목시켜 일에서 성공열쇠를 얻어낼 수 있다는 판단에 따른 것이다.

또한 그린 하우스에서 직접 의사와 인터넷으로 소통하여 진료를 받고 인생 이묘작(二毛作)이 필요한 노인층에게도 자신의 전문성을 제대로 살리는 평생학습 시스템 운영이 가능하게끔 만들어내고 있음은 물론이다.

노인화의 최대 정책은 하고 싶은 일을 자신의 주위에서 즐겁고 편하게 제공하는 일이다. 이러한 노력만이 천문학적인 의료부담을 줄이는 효과로 이어짐을 정책화시키는 그 발상의 전환이 환경선진국 일본답다.

이를 위해 일본 중앙정부는 보조금 지급으로, 지방자치단체는 건설촉진지원금으로, 메이커는 가격파괴로 일본 그린 하우스 정책을 펴고 있다.

지난해 9월 출범한 하토야마 정부의 노인복지정책은 변함없이 그대로 승계시켜 발전하는 데 만전을 기하고 있다.

때문에 글로벌 그린 마켓에서 보낸 초대장의 첫 주인공으로 제로 에미션 하우스가 선정됨은 정책적 우연의 일치와 거리가 멀 수밖에 없다.

2 독일 프라이부르크市

엄밀하게 말하자면 초대장(招待狀)은 상거래의 갑(甲)과 을(乙)과 관계는 아니다. 알려야 할 사람(甲)은 초대받을(乙) 사람이 이에 응하면 된다. 그래서 초대장 요건은 초대 일자와 장소, 간단한 초대 내용과 초대 가능성 유무만으로 요식행위를 갖출 수 있다.

그만큼 법적 규제력은 지니지 않지만 일반적인 관례대로 알리려는 측이 알려져서 응하는 사람과의 소통이다.

지금과 같은 인터넷 시대에 들어서는 이메일로 초대장을 대신하여 시간과 비용에서 절약을 가져오고 있다.

글로벌 그린 마켓에서 보내는 초대장 역시 초대의 형식만을 차용해 녹색성장산업의 부흥에 필요한 자료제시로서 효율성 확보가 가능할 수 있다.

내가 여러 차례 기술한 대로 마켓의 변화를 팩트(事實-fact)라는 개념으로 파악하는 것과 별도로 객관성 확보가 기본자세라는 점에 그 이상도 그 이하도 아니다.

같은 이치로 이번 두 번째 초대장도 제로 에미션 하우스와 동급이고 같은 소재다. 이게 일본이 아닌 독일이라는 점이 다를 뿐이다.

제로 에너지 건물 프로그램

에너지 절약이 체질화된 유럽연합(EU) 국가들은 다양한 에너지 정책으로 이를 흡수하고 있다.

공공시설을 비롯하여 일반 건물과 주택 등의 에너지 사용을 획기적으로 줄이기 위한 정책적 결정의 하나가 바로 '제로 에너지 건물 프로그램'이다.

건물의 에너지 낭비요소를 최대한 줄이고 태양광 등 신재생에너지로 필요한 전기를 자체 공급하거나 에너지 공급을 통해 온실가스 배출량을 제로 수준으로 떨어뜨린 일이다.

독일에서는 자연채광과 환기, 나무그늘과 지열 등을 이용하여 냉·난방하는 친환경적인 주택인 '패시브 하우스(passive house)'가 그 대표적인 이름이다.

일본 세키수이하우스의 '제로 에미션 하우스'과와 같은 개념일 수 있지만 독일의 경우는 이를 일반 도시 건물까지 확대 적용하는 것이 조금 다르다.

EU는 최근 신축되는 모든 건축물은 '제로 에너지 건물'로 만들고 기존

건물마저 순차적으로 이를 확대 적용하는 정책을 발표했다.

2009년 1월부터는 건축물에 대해 에너지 등급을 부여하기 시작했고 이를 일반에 공개하는 것을 의무화했다.

우선적으로 1,000m³ 이상 공공건물은 눈에 잘 띄는 곳에 에너지 등급을 표시해야 한다. 이를 상거래에도 적용하고 건물의 매매나 임대 시 구매·임차인들은 에너지 등급을 거래가격 결정에 반영시키고 있다.

녹색혁명의 메카 프라이부르크市

독일 소도시 프라이부르크는 상존인구가 21만 명이다. 독일 관광 안내서를 들춰보아야 겨우 소재지를 알 수 있는 그렇고 그런 도시다.

하지만 녹색성장산업 현장에서 마켓 변화와 마켓 미래상을 살펴보기 위해서 필수 답사 코스다. 전 세계 에너지 전문가들로부터 '태양의 도시'라든가 '세계 환경 수도(首都)'로 불리면서 녹색혁명의 메카로 변신에 성공한 결과다.

프라이부르크 소재 중앙역을 비롯하여 축구장과 호텔, 그리고 고층 건물들은 태양전지판을 통해 '에너지 자립'을 거둔 명실상부한 녹색 에너지 혁명의 메카로 자타의 인정을 받고 있다.

이러한 공인 인정과 환경전문가들로부터 나온 찬사에서 두 번째 초대장의 구비요건을 다 갖추고 있는 셈이다.

바데노바 축구경기장과 중앙역

시내 동쪽 드라이잠 강(江)변에 있는 바데노바 축구장은 세계 최초의 '에너지 자립형 스타디움'으로 평가를 받고 있다.

연간 25만 KWh 상당의 전력을 생산해 전기 수요의 60%를 충당하고 난방과 샤워용 온수는 100% 자급자족하고 있다. 관람석 지붕 가득 설치된 태양전지판으로 필요한 에너지를 생산하여 바데노바 축구장에 필요한 각종 에너지를 만들어 쓰고 있다.

또한 프라이부르크 시내에 소재한 현대식 19층 고층건물의 중앙역은 건물 한쪽 벽의 3분의 1 이상이 태양열 집열판으로 덮여 있다. 대합실 천장에는 인공조명 시설이 하나도 없다. 하지만 여행객들이 아무 불편을 느끼지 못하게 건물 벽이 모두 유리창이고 천장마저 채광창으로 설비했다. 프라이부르크 시내에는 중앙역과 같은 에너지 전략 시스템을 갖춘 자립형 건물이 1,000개에 달한다.

회전형 태양광 주택 Heliotrop

전 세계 환경전문가들이 프라이부르크를 '태양의 도시'라든가 '세계의 환경 수도(首都)'로 부르는 데 인색하지 않은 것은 세계 최초의 회전형 태양광 주택 헬리오트롭(Heliotrop)을 배제할 수 없다. 프라이부르크 시의 상징물이 되었기 때문에 그렇다.

원통형으로 생긴 헬리오트롭은 주택 자체가 해바라기처럼 태양을 따라 회전하도록 설계했다. 지붕에 설치된 태양광발전 설비로 자체 소비 전력량보다 5배 이상의 많은 전력을 생산 가능하게 설계됨에 따라 운영된 이익의 보상으로 구분해도 좋다.

프라이부르크 시는 축구장과 중앙역, 그리고 회전형 주택 헬리오트롭 사례에서 보았듯이 에너지 절약은 이미 생활화되었다.

이런 이유 때문에 프라이부르크 시는 국제태양에너지학회(ISES)로부터 녹색성장산업의 도시성장 엔진으로 평가를 받아냈다.

그 결과물은 인구 21만 명의 이 소도시에는 태양에너지 관련 제조업체와 연구기관이 80여 개가 입주되어 다양한 정책 실험물들이 이루어지고 있다는 사실로 이어졌다.

일관된 정책의 산물

우리는 프라이부르크 시의 사례에서 보았듯이 앙겔라 메르켈 정부가 이끄는 독일이 녹색성장산업에서 태양광 에너지 기술로 전 세계의 주목을 받는 것은 일관된 정책의 산물이라는 점에 어느 누구도 부인하거나 도외시하지 않고 있다.

에너지 절약이 전 국민적으로 체질화된 배경에 못지않게 메르켈 총리의 정책적 지원을 배제하기 어렵다.

2005년 12월 출범한 메르켈 정부는 에너지 절약정책처럼 유럽연합(EU) 결성에서 비롯된 프리미엄이다.

실제로 독일은 유럽헌법이 두 차례나 부결된 뒤 예산안까지 마찰을 빚어 유럽 공동체의 존립자체가 불투명했던 2005년 12월.

예산안의 통과의 최대 난제였던 영국과 프랑스의 대립각을 풀며 와해 위기의 EU를 살려냈다.

거기다가 상대적으로 경제기반이 취약한 후발 참가국들에 대한 원조액 증액까지 제안해 27개 회원국의 전체를 끌어안았다.

당시의 세계 언론매체들이 이를 두고 '메르켈의 승리' 또는 '아름답고 멋진 단합의 제스처'라고 극찬했다.

올해로 5년 전의 사건이다. 이러한 정책적 결정을 얻어낸 메르켈 정부는 이를 지속적으로 발전시켜 글로벌 그린 그로스 에이지(Global Green Growth Age)의 효과를 수학하는 모습으로 비치고 있다. 미투전략(me too strategy)의 확산이 물결처럼 이어진 것이야말로 또 다른 '메르켈의 승리'다.

EU 회원국들 대부분이 독일의 에너지 절약정책의 수입과 함께 태양광 시스템에 대한 높은 기대 속에 그린 마켓셰어를 한껏 확장시키는 요인이 되고 있다.

글로벌 그린 마켓에서 보낸 초대장의 두 번째 주인공으로 프라이부르크 시를 필요이상 길게 소개하는 이유이기도 하다.

3 Inside Korea Big Green Energy Corridor

　　글로벌 그린 마켓에서 승자를 성공 분석틀에 대비시켜 보면 하나같이 클러스터(Cluster)를 이루고 있다.

　　1990년대 초부터 선진국들은 일정지역에 대기업과 하청업체, 대학과 연구소 등이 모여서 상호작용을 통해 신기술과 신지식을 창출하는 곳이 클러스터다.

　　대표적인 클러스터 성공사례는 일본 제1의 자동차 메이커 도요타와 도요타市에서 클러스터 문화를 형성해 발전시킨 점을 들 수 있다.

　　대부분 국가·지역·업종에 따라 대기업 주도형 클러스터와 대학연구소 주도형 클러스터, 지역 특산형 클러스터와 실리콘밸리형 클러스터 등 네 가지로 구분하고 있다.

　　기술혁심이 중요한 그린 뉴딜에서 승자가 나오기 위해서는 클러스터 기반의 특정 단지 조성은 한 대안이 된다.

　　오매불망 고대하고 기대하며 전 세계를 향해 초대장을 보낼 수 있는 승자기업 탄생은 바로 클러스터 문화가 진하게 배어 있는 곳에서 그 가능성이 높다.

한국 최대산업 도시 울산과 포항이 그린에너지 도시로의 리모델링에 발을 벗고 나서는 것도 같은 맥락이다.

자동차와 조선, 철강과 석유화학 등 전통적인 효율 구조의 산업으로는 글로벌 경쟁에서 살아남을 수 없다는 판단에서다.

최근 리튬이온배터리의 최강자 SB LiMotive가 울산시에 차세대 자동차용 리튬 2차 전지 공장 기공식을 계기로 그린 클러스터의 신개념인 그린 에너지 코리드(통로 : Corridor) 시대를 열고 있다.

산업단지가 밀집한 공업도시 울산과 포항

울산시는 1962년 공업도시로 첫발을 내디딘 후 자동차와 석유화학의 중심지로 성장을 계속해 현재 5,000여 개의 제조업체가 밀집해 있다.

반면 포항은 조선업을 발달시켜 이미 세계적인 선박수출단지로서 유명세를 얻어내고 있다.

이 도시들은 오랜 기업역사를 통해 양질의 노동력을 비롯하여 도로와 항만, 전력과 용수공급 등 산업기반시설이 잘 구축되어 있는 것이 장점이다.

한국 정부도 녹색성장산업의 진흥을 위해 울산과 포항을 잇는 산업단지를 '그린 에너지 코리'로 설정해 리모델링에 적극적으로 지원하고 있다.

최근 경북경제자유구역청(DGFEZ) 발표에 따르면 울산과 포항, 그리고 대구를 아우르는 '글로벌지식창조형경제자유구역'을 지정해 '그린 에너지 코리도'와 'IT 융·복합 코리도', '지식기반 서비스 코리도'와 '첨단수송 부품·소재 코리도' 등 네 가지로 나누어 뉴그린이 요구하는 수준의 복합 코리도를 형성해서 발전시켜 나갈 것이라고 밝혔다.

향후 DGFEZ에서는 글로벌 그린 마켓에서 제 목소리를 내는 승자를 배출하는 데 있어서 가장 유망지역으로 주목받고 있다.

따라서 클러스터의 다른 상위 개념인 '그린에너지 코리도'에 관한 관심이 증폭되고 있다. 한국형 그린 테크놀로지(GT) 승자 기업 탄생에 대한 기대가 크기 때문이다.

그린 입혀야 산다

울산시는 SB LiMotive와 연계해 녹색성장산업의 연구 개발을 주도할 26만 4,000m² 규모의 '복합에너지생산연구단지'를 3,000억 원 규모의 사업비를 들여 2013년까지 울산 테크노단지 내에 건립한다.

조선과 철강공업도시 포항시도 최근 신재생에너지 종합개발계획 보고회를 갖고 포항을 세계적인 그린 에너지 메카로 탈바꿈시키겠다는 계획을 발표했다.

포항시는 우선 영일만항 배후산업단지 내 100여만m²에 수소연료전지 직접단지를 조성할 방침이다.

위치는 한국 최대 규모의 포스코 발전용 연료전지 공장이 들어서 있는 포항시 북구 흥해읍 용한리 일대다.

여기에 그치지 않고 포항시는 포항테크노파크 2단지에 수소 시범타운을 건설하고 영일만항 산업단지와 포항 블루밸리에 신재생에너지 부품 · 소재 전문기업단지를 조성키로 했다.

또한 포스텍과 RIST를 연계시켜 신재생에너지 전문 인력 양성을 위한 사업도 병행해 추진할 예정이다.

특히 포항 남구 대보면과 북구 죽장면에 풍력발전단지도 조성해서 명실상부한 그린 테크놀로지 코리도의 진면목을 보여줄 것이 기대된다.

한국정부도 이제 그린에 옷을 입혀야만 살 수 있다는 자각을 시작한 신호일 뿐 아니라 글로벌 그린 마켓이 요구하는 수준의 코리도로서 탁월한 녹색기술에 의한 스타 그린 기업 탄생을 함께 기대되는 대목이다.

4 덴마크 톱 메이커 동에너지

　지난해는 글로벌 녹색성장산업 현장에서 덴마크만큼 자주 등장한 나라는 별로 없다. 전 세계적인 언론의 주목은 12월 덴마크 코펜하겐에서 열린 제15차 유엔 기후변화협약 당사국총회가 으뜸이다.

　그 연장선상에서 글로벌 녹색성장산업은 회오리바람에 휩싸여 가고 있다. 그 변화의 파장에서 위기와 기회를 함께 공유하게 될 각국의 대응은 환경기술의 융합과 마켓의 선점이 필연적으로 이어질 전망이 예상됨과 무관하지 않다. 그린의 물결이 세계 도처에서 목격되는 것에서 비롯된 예단이다.

　그 전초전은 이미 시작되었다. 지난해 5월 덴마크 코펜하겐에서 개최된 기후변화에 관한 세계 기업 정상회의에서 이미 관련기업들에 소리 없는 전쟁과 포성이 없는 전장의 분위기가 묻어나고 있었다.

　예를 들면 기업 정상회의에 참석한 기업을 상대로 기술소개의 판촉전이 치열하게 전개된 것이 이에 대한 도움말이 된다.

　여기에 참가국의 이점을 제대로 활용한 기업이 바로 동에너지(Dong

Energy)다. 세 번째 초대장의 주인공이다.

아베데레버컷 소재 동에너지 열병합 발전소
(CHP : Combined Heat and Power)

덴마크 수도 코펜하겐의 인근 마을 아베데레버컷에는 동에너지가 자랑하는 열병합 발전소가 자리를 잡고 있다.

동에너지는 이번 세계 기업 정상회의를 기회로 삼아 대대적인 기업 PR에 매우 적극적이었다.

동에너지의 PR 담당자의 다부진 회사 소개가 더 인상적이다.

"우리의 관심은 하나의 에너지원(源)에 있지 않습니다. 환경기술이 가능하고 상용화할 수 있다면 모든 에너지원을 함께 개발하는 것이 우리 회사의 목표이고 로망입니다."

바다를 끼고 있는 이 발전소에서 생산되는 전력은 코펜하겐 대도시 권역 소요량의 12%를 책임지고 있을 만큼 규모에서 으뜸이다.

특히 동에너지 아베데레버킷 공장의 특징은 복합에너지 생산설비를 보유하고 있다는 점이다.

공장단지 안에 가동되는 열병합 발전소를 비롯하여 에너지 재활용 설비와 지역난방 처리, 그리고 풍력발전 설비 등이 함께 갖추어져 있다.

글로벌 녹색성장산업의 승자가 되기 위한 필수조건으로서 무장한 회사

비전인 '에너지 컨버전스(energy convergence)'와 '에너지 세이빙(energy saving)'이 무엇인가를 여실히 보여주고 있다. 때문에 나는 이렇게 길게 동에너지를 포장하고 있다.

응당 덴마크 녹색성장산업 소개는 덴마크가 낳은 풍력발전 시설의 거봉 베스타스와 녹색 순례코스의 명물인 삼소(Samso) 섬이 제격인 줄 알지만 동에너지 소개는 다른 데 이유가 있다.

창업역사 38년의 동에너지

1972년 설립된 동에너지는 석유와 천연가스 개발은 물론 전력생산과 신재생에너지 개발로 녹색강국 덴마크의 대표적인 기업이다.

2008년 한 해 매출액은 607억 크로네(14조 원)를 달성했다. 2005년에 비해 3배의 신장세를 보였다.

덴마크 정부가 동에너지 지분의 73%를 보유하고 있어 동에너지는 2005년 전기회사까지 인수했다.

동에너지의 최고 관심사는 균형 감각이 가능한 에너지 개발에 회사 비전을 삼고 여기에 회사의 사력을 쏟고 있다.

2007년 동에너지는 자회사 형식으로 인비콘(Inbicon)을 설립해 운영 중이다. 낙농산업이 발달한 덴마크 내에서 많이 남아도는 목초와 각종 직물을 이용해 바이오매스 기술을 개발하여 상용화를 기대하고 있다.

동에너지의 기업 포트폴리오는 기존의 북해산 석유와 가스개발이 주력 사업이지만 2008년부터는 전혀 새로운 영역인 전기자동차 개발에도 이미 착수했다.

전기자동차 출시를 위해 이미 '더 나은 세상을 위하여(Project Bester Place)'라는 프로젝트를 착실하게 진행시키고 있다.

덴마크 녹색성장산업의 미래 비전

코펜하겐회의 합의 발표 이후 전 세계는 덴마크에 관심을 모으고 있다. 교토의정서의 일본에 대한 관심이 이제 덴마크로 쏠리고 있다.

우리가 잘 알고 있듯이 덴마크는 석유 값이 급등하기 훨씬 전인 1997년부터 신재생에너지산업이 미래 핵심 성장산업이 될 것으로 예단해 이를 키우기 시작했다. 이게 고유가 시대의 흐름을 타고 범국가적 부의 상징으로 보답한 것이다.

덴마크 정부는 오지의 섬일 뿐인 삼소 섬마저 글로벌 그린의 메카로 발전시킨 저력이야말로 선각자다운 정책의 수단이다. 그린 시대가 도와준 것이다. 이를 발전시킨 덴마크는 이제 세계인을 유혹하고 있다.

이를 다시 패러디해보면 미래 성장 동력에 대한 비전을 갖고 있지 않은 국가는 이제 없다. 하지만 구호에 그치는 경우가 많다. 반면 덴마크처럼 기업형 국가는 비전을 현실로 바꾸는 데 남다른 노하우가 도사리고 있다.

덴마크는 최우선적으로 환경기술을 계속적으로 발전시켜 이제는 신재생
에너지 강국의 자긍심과 함께 부국의 꿈에 취해 있다.

지속가능한 성장 모델이 된 덴마크

덴마크 국내총생산(GDP) 규모는 석유파동 이후 지난 37년 동안 78%
성장했다. 그러나 에너지 소비량은 그때와 큰 변화가 없다.

1980년대 그린란드와 공동으로 북해에서 유전을 개발해 사실상 산유
국에 속했지만 덴마크 국민들은 석유 한 방울도 그냥 낭비하지 않는다.
1970년대 악몽이 재현될 수 있다는 염려 때문이다.

덴마크는 지금도 에너지 문제를 국가 안보로 생각하고 정부와 기업, 그
리고 국민이 에너지 절약에 자부심과 함께 이를 지속가능성 있게 지켜나
가는 데 합의를 도출시킨 데 성공했다. 결국 그린 라이프스타일 제안은 체
질화에다 생활화로 굳어졌다.

에너지 절약을 위해 국민과 기업은 고율의 환경세마저도 마다하지 않
고 기꺼이 받아들였다. 이산화탄소세가 최소 50%를 넘는데도 군말이 없
었다.

덴마크의 또 다른 특징은 국민이 직접적으로 그린 운동에 적극 참여
한다는 점이다. 또한 적극적인 참여로 덴마크 국민들은 신재생에너지 개
발과 상용화만이 부국의 밑거름이 되는 것을 굳게 믿고 있다는 점도 추

가된다.

  결론적으로 이번 제5장은 글로벌 그린 마켓에서 초대장을 보내거나 받을 수 있는 그린 명소를 소개했다.

  분명 여기에는 에너지기후시대(ECE)를 살아가고 있는 65억 지구촌 모두에게 필요한 시대적 명제를 파악하는 데 단초로 작용할 수 있기 때문에 이를 초대장 형식으로 정리해서 발표했다고 보아도 무방하다.

Chapter 6.
그린 마케팅으로 글로벌 녹색성장산업 승자되기

1 Go Global Green Growth

프랑스 남부 코트다쥐르(Cote d'Azue) 지역.

우리에게 생소한 지역 이름이다. 하지만 칸 국제영화제가 개최되는 그 곳이라고 부언설명하면 '아! 그곳' 하고 친절감부터 표하게 되는 역사적 지역이다.

코트다쥐르 지역에는 칸 국제영화제로 유명세를 타고 있지만 우리 마케터들에는 매년 새색시처럼 신혼여행과 같은 설레고 긴장되는 범국가적 행사 하나가 있다.

그 정겨운 이름은 바로 칸 국제광고제이다. 올해로 57회째를 맞고 있다. 매년 6월의 셋째 주가 되면 어김없이 각국의 광고인들이 한자리에 모여 야심 차게 준비한 신병기(또는 마케팅 파워)를 들고 광고 창의력의 자웅을 겨루게 된다.

2009년 6월 칸 국제광고제도 문전성시를 이루었다. 2003년 다섯 개 부분으로 나누어서 금상을 정하지만 급변하는 미디어 환경에 발맞추어 10개 부문으로 확대실시 되고 있다.

2008년 56회째부터는 PR 부문이 추가되어 이제는 11개로 늘어났다.

Yubari, No Money, But Love

2009년 칸 국제광고제에서 프로모션(Promotion) 부문에서는 그린 마케팅 소재(素材)가 대상(그랑프리)을 차지했다.

광고주는 일본 홋카이도(北海道) 소도시 유바리 시.

탄광산업에 의존했던 유바리는 점차 탄광들이 문을 닫자 지역 경제도 함께 시들기 시작했다. 유바리는 다른 일본 지역처럼 관광지역 개발사업을 생각한 것이다.

'우리의 미래는 관광사업뿐이다' 라는 신념으로 유바리 행정당국은 지방채권 발행과 막대한 차입금으로 관광사업에 매진했다.

하지만 방만한 지방행정으로 추진하는 사업마다 모두 실패로 이어져 갔다. 결국 2007년 유바리 시는 파산을 선언하게 된다.

유바리 시는 이 추락에서 그냥 주저 앉을 수 없다는 마음에서 마케팅 집단의 문을 두드린다. 우선적으로 추락한 도시 이미지를 개선하고 빚을 줄이고 소침한 시민들에게 재건의 용기를 안겨주기에는 마케팅의 힘을 빌리는 길이 최선책이라는 것을 믿었던 것이다.

광고의 위탁을 의뢰 받은 광고회사는 우선 유바리 시내의 시장조사에 착수한다. 그 결과 유바리는 일본에서 가장 이혼율이 최고라는 점을 발견

하게 된다. 철저한 지역조사와 시장연구에 따른 데이터를 통해서.

이 살아 있는 시장 데이터를 근거로 '돈은 없어도 사랑이 넘쳐나는 도시, 유바리(Yubari, No Mony, But Love.)' 라는 슬로건을 만들어 대대적인 프로모션을 진행하게 이른다.

캠페인 과정에서 '행복한 부부 증명서' 와 멜론 캐릭터 소재의 음반까지 제작해 판매하는 등 빚을 갚기 위한 다양한 수익사업들을 성공적으로 집행했다. 이러한 빚 갚기 운동에 의해 일본 국민의 감성을 자극해 더 많이 유바리 시를 찾게 만들었다.

유바리 시의 프로모션은 화제성 광고로 이어져 더 이상 희망이 없는 파산의 소도시가 사랑이 넘치는 행복한 부부들의 도시로 탈바꿈한 계기를 맞게 되었다.

유바리 시가 2009년도 칸 국제광고제 프로모션 부문에서 그랑프리를 받을 수 있는 영광은 무엇을 의미하는가. 무엇을 제안하고 있는가. 지속가능성 마케팅의 위력은 어떤 것일까.

한마디로 감동적인 그린 라이프스타일이 그린 마케팅에 의해 신재생에너지의 가지치기를 닮아 폐허도시가 동시에 소비자를 건강하게 만들어가는 행복한 스토리텔링이 빛을 보게 되었다.

그린 마케팅의 진화

요즘에 들어 우리 모두는 기업이든 소비자든 그린의 의미를 그대로 살린 친환경 제품과 서비스의 필요성에 공감하고 있다.

그러나 기차 레일처럼 현실과 이상의 사이는 항상 존재하고 합일의 길은 멀게만 느껴진다. 그린 마케팅의 존재에서 그 의미를 찾는 분위기에도 불구하고 그린 마케팅의 라이프스타일 제안은 꾸준하게 전개되고 있다.

물경 205개에 달하는 손쉬운 그린 스타일라이프 제안은 이제 미국만이 있는 것이 아니다. 65억 지구촌 소비자는 이미 그린이란 주제를 숙지했고 이를 그린 마케팅의 한 도구로 인지한 수준에 이르렀다.

실제로 마케팅의 원음은 '장사'다. 제품과 서비스를 소비자의 감성에 호소해서 이익을 얻어내는 일이 전부다. 만고진리가 따로 없다.

이를 외면하거나 부정하기 전에 '그린(green)+마케팅(marketing)'의 본질을 밟아서 그린 마케팅의 접근과 마케팅 전략의 완성부터 생각해야 한다.

이를 완수하기 위해서는 친환경을 소비하려는 소비자 의지가 실제 구매로 반영되지 못하게 막는 각종 장애요인부터 찾아내 이를 그린 마케팅으로 풀어 가면 해결의 열쇠는 어렵지 않게 찾을 수 있게 된다.

그린 마케팅, 왜 구매로 이어지지 않는가

그린 마케팅은 소비자가 윤리적으로 소비한다는 대전제를 깔고 있다. 차별적인 기능을 비롯하여 감각적인 디자인과 치우치지 않는 가격제시 등 그린 제품과 그린 서비스를 구매하겠다고 마음먹게 만들 수 있다.

공생제품이 진가를 발휘하듯 윤리적 소비자에게는 친환경성과 같은 공익적 가치도 소비의 중요한 조건이 된다.

이를 그린 마케팅으로 소화하기 위해서는 시장에 눈높이를 맞추고 그린 소비자 마음에 걸맞은 그린의 이익을 제시하는 것이 매우 중요하다.

이러한 소비자 지향의 마케팅 노력과 마케팅 능력을 배제하거나 구체화하지 않고는 구매와의 직결은 갈수록 멀어지게 된다.

그래서 그린 마케팅의 본질 파악이 중요하고 이에 대한 시장 조사와 시장 연구를 거쳐 각기 다른 제품과 서비스마다 개별 응용하는 그린 마케팅 노하우가 주목을 받게 된다.

우선적으로 그린 마케팅을 완수하기 위해서서는 그린 이상의 고객가치를 제시하고 동시에 고객의 소비 지식을 바로잡는 일도 추가된다.

여기에 어김없이 그린 기업의 약속에 대한 설명을 곁들이면 고객의 신뢰를 얻는 커뮤니케이션은 절대적 가치로 작용하게 되기 때문이다. 이를 가시화해야만 그린 제품과 서비스는 그린 소비자의 지갑을 열게 하는 지름길이 될 수 있다.

그린 마케팅이 뭐 대수냐

전 세계 소비자의 매가 트렌드(mega trend)가 그린 마케팅으로의 발전은 시간문제다. 친환경 제품과 서비스에서 글로벌 그린 소비자는 지갑을 열 수 있게 그린 마케팅(또는 그린 마케팅 기법)이 점차적으로 진화가 계속되고 있기에 그렇다.

〈광고 5-1〉에서 보듯이 일본 북해도 유바리 시의 독특한 도시 재건 전략은 칸 국제광고제에서 프로모션 부문의 그랑프리를 거머쥔 것도 여기에 대한 모범 해답이 되고 있다.

길은 먼 곳에 있지 않다. 바로 우리의 발등이거나 우리 주위에 존재한다. 고상하거나 미화시키기 전에 그린 마케팅의 본질 그대로 따라가는 일이 필요하다.

다시 말해 그린 소비자에게 감성을 자극하는 일로 시작하면 불가능이

가능으로 보답하게 되어 있다.

오늘의 그린 소비자는 일반 제품과 서비스에서 가격 대비는 일부 부담이 되더라도 그린을 소비한다는 열린 마음이 팽배하다.

하나의 그린 제품과 하나의 그린 서비스를 구매하고 이용함으로써 단 하나뿐인 지구를 살려내고 이를 우리 후손에게 물려주는 데 일조하고 있다는 그 연대감의 팽배함이 주는 무게에 따라 이를 상쇄해주기 때문이다.

따라서 지구촌 소비자가 공감하는 감성적 그린 마케팅으로 승화(또는 소화)시켜 그린 소비자에게 어필하는 일에서 현대 그린 마케팅의 교범으로 만드는 일이 더 중요시되고 있는지 모른다.

2 새 냉장고 주고 돈도 버는 그린 마케팅의 진실 게임

현대 그린 마케팅은 매우 빠르게 진화하고 있다. 친환경기술의 비약적인 발전과 그린 소비자의 트렌드 변화가 동조해서 생긴 마케팅 시대상황이 지구촌 곳곳에서 목격되고 있다.

여기다가 그린이라는 마케팅 테마는 '저탄소 녹색성장'의 기치를 내건 이명박 정부를 비롯하여 각국의 정부와 거대 그린 기업들이 마케팅 도구로 차용(借用)해 홍보하면서 친숙함을 더하고 있다.

몇 해 전에 불었던 웰빙 열풍처럼 소비자는 공익보다 개인과 가족의 건강을 위해서라면 기꺼이 친환경 제품과 서비스에 지갑 끈을 풀기 시작했다. 기꺼이 동참도 불사했다.

최근에는 에너지 효율을 높이거나 내구성을 높여 가격 이상의 가치를 주는 친환경 제품과 서비스에 그린 소비자들도 동참 행렬에 일렬종대로 모여들었다.

김칫독에 우거지가 끼듯 자연스럽게 그린 마케팅은 지구촌 그린 소비자의 동참을 마케팅 기회로 삼고 있다.

이것은 그린 기업의 가치와 그린 기업의 지속가능한 성장에 그린 마케팅이 행복한 결혼으로 이어지고 있다. 이게 바로 현대 그린 마케팅의 전모다.

하지만 그린 마케팅 진화는 환경기술의 발전만큼 다양하고 여러 가지 기법으로 제시되고 응용되는 추세다. 우리 마케터들의 상상을 초월하는 그린 마케팅이 제시되는 것도 사실이다. 이를 다 소화하거나 소개하는 것은 무리다.

다만 그린 마케팅의 진실 게임에서 이미 이슈화된 몇 가지 마케팅 진화를 선택해 살펴보는 일이 더 생산적일 수 있다고 본다. 양자택일이 아닌 다자택이를 취해서.

공짜로 새 냉장고 주고 돈을 번다

독일 가전업체 보쉬와 지멘스는 2008년 7월 브라질 리우데자네이루에서 공짜로 새 냉장고를 빈민들에게 주는 그린 마케팅 실시를 발표했다.

2008년 7월은 석유 1배럴당 147달러로 고유가 시대가 극에 달했고 결국 2개월 다음에는 세계 금융위기라는 경제파탄의 직격탄을 맞은 당시 시대상황이다.

독일 가전회사들은 브라질 전력회사와 제휴해 빈민들에게 최신 냉장고를 공짜로 나누어 주는 마케팅 행사는 신선한 그린 마케팅바람으로 대접

받았다.

기업의 최대 덕목은 이익이다. 이 사업의 비밀에는 현대 그린 마케팅이 필요로 하는 청정개발체제(CDM : Clean Development Mechanism) 수익모델이 숨어 있었다.

새 냉장고를 공짜로 주는 대신 독일 가전업체는 전기를 많이 먹는 구형 냉장고를 수거했다. 이를 통해 감소된 냉장고의 전기사용량과 구형 냉장고의 냉매처리를 CDM 실적으로 가늠해서 유엔으로부터 인정받아 수익이 생기는 것을 그린 마케팅으로 정리한 것이다.

이를 도식화하면 보쉬·지멘스의 그린 마케팅은 브라질 빈민들에게 최신 냉장고를 제공으로 시작해 전력 저효율 냉장고 수거를 거쳐 전력 감축을 탄소배출권(CER)으로 인정받고 이를 확보해 탄소배출권을 매각해서 이익 창출이라는 현대 그린 비즈니스를 그린 마케팅으로 흡수한 것으로 정리할 수 있다.

현대 그린 마케팅의 진화에서 가장 이익계정이 높은 CDM은 2005년 교토의정서가 발효되면서 도입된 유엔기후변화협약이다.

선진국 기업들이 개발도상국에서 온실가스 감축활동을 하고 탄소배출권 형태의 보상을 받아 이익을 내는 구조로 되어 있다.

따라서 그린 기업들은 고유가 시대를 준비하고 기후변화에 대응하기 위해 친환경기술과 신재생에너지를 개발하고 이를 사업화해 이익발생을 꾀하는 일이 이제 다반사로 이어지게 된다.

굴뚝산업도 예외가 아니다. 탄소배출의 주범인 제철소의 경우도 이제는 탄소배출권 상한제를 요구받고 있다. 공짜로 주는 냉장고의 경우처럼 탄소배출권 시장에서 이익 발생이 가능함을 엿본 것이다.

일본 최대 철강회사인 신일본제철(NSC)은 전체 가스 감축 목표의 5~10% 달성을 통해 CDM 프로젝트를 활발하게 전개하고 있다.

세계은행에 따르면 오는 2012년 2,000억 달러 규모로 성장할 것으로 예단하고 있다. CDM 프로젝트에도 예외가 없이 그린 마케팅 도입과 접목은 일반적인 수익모델이 되고 있음을 알 수 있다.

온실가스 라벨은 그린 마케팅의 찰떡궁합 아이템

한국은 2008년 시범사업을 거쳐 지난해 '온실가스 라벨'을 처음으로 그린 제품에 부착할 수 있게 했다. 그린 선진국에는 이미 일반화된 '탄소성적표지제도' 도입이 한국에서도 본격화됨을 의미한다.

2009년 4월 15일부터 이마트와 홈플러스 등 대형 유통 매장의 생산·유통·폐기 과정에서 발생되는 CO_2 배출량을 표시한 상품도 등장했다.

탄소성적표시제도는 기업의 자발적인 신청을 받아 한국환경산업기술원이 CO_2 배출량을 조사해 인증을 내주는 방식이다.

그린 기업이 온실가스 라벨을 부착하려면 우선 CO_2 배출량과 구체적인 감축계획서를 제출하는 등 기후변화에 대한 적극적인 대응자세를 보여야 한다.

따라서 그린 소비자는 라벨만 보아도 손쉽게 친환경 소비에 동참할 수 있어 지구온난화 방지에 매우 효과적이다.

친환경 소비성향을 드러내는 글로벌 그린 소비자들이 증가하면서 이들을 지칭해 '에코 시크(Eco Chic)'라는 신조어마저 생겨났다.

이미 그린 선진국은 '친환경 저탄소' 정책을 제시했고 이를 받아들인 그린 기업들은 기업의 생존 키워드로 인식하기 시작했다.

2007년 세계 최초로 탄소발자국(carbon footprint) 표시를 시작한 영국은 각종 세제시행을 비롯하여 전구와 감자, 오렌지주스와 의류 등 다양한 제품에 탄소감축 라벨을 부착하고 있다.

이웃나라 일본은 식재료(食材料)의 생산 · 운송 · 소비되는 과장에서 배출된 CO_2의 양을 표시하는 '푸드 마일리지 라벨 제도'를 시행하고 있다.

그린 마케팅의 성공조건

전 세계가 친환경소비에 지혜를 모아가는 현대 그린 마케팅 도입과 운영은 이제 대세다.

앞에서 보았던 보쉬 · 지멘스의 브라질 사례와 온실가스 감축 표시의 그린 라벨 부착이 일반화되고 있는 친환경 시대에서 그린 마케팅의 성공조건으로는 그린 소비자의 변화를 감내할 수 있도록 에코 시크의 감성에 호소해서 공감을 이끌어내는 마케팅 설득이 중요해지고 있다.

이를 위해 우선 에코 시크의 안목에 걸맞도록 정확한 통계수치를 제시한 그린 제품 정보가 구체적이어야 한다. 그린 소비자의 다른 이름 에코 시크는 정보에 대한 신뢰를 보이고 있다는 시장조사 통계도 등장했다.

예를 들면 찬물에 녹는 세제를 사용할 경우 물을 데우는 데 필요한 에너지 사용량을 줄여 연간 20억 달러를 절약할 수 있다는 식의 구체적인 수치 제시가 필요하다. 이러한 구체적 제시와 정보 공유를 통해 이를 그린 마케팅으로 흡수하면 그린 마케팅 성공의 문턱을 넘게 된다.

이처럼 그린 마케팅이 성공하려면 에코 시크의 소비방식에 대한 혁신이 필요하다. 그린 마케팅은 한순간의 유행이나 트렌드가 아닌 65억 지구촌 소비자의 생존과 건강한 소비를 위해 지켜야 할 기본 가치로서 이해되기 때문인지 모른다.

'Stop CO_2!'

3 녹색성장산업 그린 마케팅(1)

지금까지 우리는 그린 마케팅의 진화로 시작해 성공조건까지 살펴보았다. 이미 그린 소비자에게는 식상할 만큼 거의 매일 듣던 얘기이고 개념이다.

그린 마케팅에 대한 범위와 화두로서 등장 시기는 오래되었다. 어제오늘의 일이 아니다. 하지만 그린 마케팅의 역사는 전문가마다 다른 의견을 개진하고 있다.

1973년 1차 오일쇼크를 맞은 덴마크가 탈(脫)석유화 시대를 제안하면서부터 그린 마케팅 개념에 남다른 열정을 보인 기록으로 보아 37년이 지났다. 한국의 일본 강점기간을 36년으로 볼 때 짧은 역사는 아니다.

그린 마케팅은 어느 누구의 훼손이나 변질은 구시대적 유물이다. 어느 누구도 그린 마케팅 성역에 손을 댈 수도 없다. 한마디로 어불성설(語不成說)이다.

때문에 친환경기술에 의해 돌연변이 식물의 탄생이 가능하듯 지존(至尊) 그린 마케팅에서 돌연변이가 나와도 될 세상이 되었다.

환경기술이 광속으로 발전하고 환경에 관한 관심이 증폭되고 세계의 모든 나라들이 그린 마켓에 목을 매고 있고 그래서 글로벌 녹색성장산업은 이 시대가 기대하는 미래의 먹거리로서 대두되었다. 또 그렇게 인정까지 받고 있다.

시대적 발전은 이 시대가 필요한 마케팅 탄생으로 이어지기 마련이다. 모르면 몰라도 그린 마케팅도 예외일 수 없다.

어수룩한 그린 마케팅의 변종

선무당이 사람을 잡는다고 어수룩한 한 마케터가 돌연변이를 선언하면 해가 웃을까. 소가 웃을까. 길을 가던 아이들이 소리를 지를까.

처녀가 아이를 가진 일도 다 의미가 있다. 신의 섭리(攝理)를 믿는다면 이미 예정된 신의 선물일 수 있다.

여기서 내가 이런 선문답으로 책의 분량을 늘릴 만큼 어리석지도 않다. 그런 잔꾀의 나이도 이미 넘었다. 현명한 우리 독자는 항상 눈을 크게 뜨고 지켜보고 있는 점도 누구보다 나는 잘 알고 있다.

그러나 집필의 목적만은 정직하고 정확하다. 이 책에서 나는 여러 차례 강조하고 강변한 대로 사실에 입각한 사실주의와 주관성과 거리를 둔 객관성 잣대를 들이밀고 보아도 하등 차이는 없을 터다.

특히 이 책의 제목이 암시하듯 〈Go Global Green Growth〉는 글로벌 녹색성장산업에서 승자가 되는 일에서부터 처음을 시작했다.

비좁은 국내 그린 마켓 시장을 놓고 그린 기업들이 아웅다웅하면 글로벌 그린 마켓에 승자가 되는 일은 낙타가 바늘구멍 지나가기만큼 어렵다는 바이블의 교훈처럼 처음부터 답이 없다는 점에 동의한 점을 어떻게 다시 설명해야 될까.

이러한 동인(動因)은 하나의 믿음에서 비롯된다. 세계 최초 제로카본시티를 구축하고 있는 아부다비 마스다르(Abu Dhabi Masdar)를 처갓집 드나들듯 오가면서 자연스럽게 생긴 믿음에서 비롯되었다.

왜냐하면 지금의 친환경기술로는 한국 대기업이든 한국 중소기업이든 아부다비 마스다르에 명함 한 장 들이밀 수 있는 기업이 보이질 않았기 때문이다.

글로벌 녹색성장산업의 주체는 이미 친환경기술로 무장한 초일류 그린 기업에 의해 이미 점령된 상태다.

아무리 틈새시장 개념을 도입한다 해도 답이 보이지 않다는 게 국내외 마케팅 전문가들에 공통된 견해이고 지적이다.

그렇다면 해법은 없을까. 시험적 견해라도 해야 하는 것이 마케터의 본질이라고 목소리를 높였던 예전의 주장은 허구의 실상을 좇는 그저 그런 마케터 진단이었단 말인가.

우선 자존심이 이를 용납하지 않았다. 우리는 1970년대 중동건설 특수로 한국 제조업의 부흥을 이루었고 2000년대는 해외 플랜트사업으로 처음 국부펀드를 운용할 만큼 국력을 배양한 역사를 지니고 있다.

여기다가 한국만이 지닌 끈기와 피나는 노력에 의해 반도체 신화와 휴대폰 신화를 얻어낸 저력을 발휘했다.

그러나 2008년 9월 글로벌 금융위기를 겪으면서 최고의 대접을 받던 금융공학이 금융공장으로 추락하는 등 칼바람 같은 험한 국제 경제현실이 생각의 끈을 다시 당기게 만들었다.

'이대로라면 희망이 없다'

다행스럽게도 2008년 8·15 경축사에 이명박 정부는 '저탄소 녹색성장'을 한국의 미래 먹거리로 천명한 역사적 선언이 나오서부터 그 길, 새만금에서 아부다비 마스다르로 이어질 수 있는 글로벌 그린 로드(global green road)가 상상의 날개를 달기 시작했다.

훼손해서는 안 될 그린 마케팅은 기라성 같은 국내외 마케터에게 일임하고 대신 범위와 의미를 한 단계 축소해서 '한국 그린 기업을 대상으로 글로벌 그린 마켓에 승자가 되는 일'을 찾아나서는 동기부여와 맞닥뜨렸다.

그래서 이번 항목의 제목도 앞뒤가 어색하고 매우 촌스러운 '녹색성장산업 그린 마케팅'으로 잡았다. 과학적인 검증과 수치의 계량화에 미진함을 누구보다 스스로 인정해야 되기 때문이다. 물론 이런 집필의 트릭에 독자는 외면만을 거둘 것을 기대해도 좋을 것 같다.

이를 브랜드화한다면 아마도 '임은모표 포커스 스터디 그룹 그린 마케팅 보고서' 쯤일 수 있다. 겸손을 잠시 외출 보내고 제안한 글로벌 그린 마켓의 조사·연구의 보고서 수준이 될 수 있을지 모른다.

그래도 우선적으로 의견 조합과 시장조사 조합의 마케팅 기법에서 주목을 받고 있는 포커스 스터디 그룹(FSG: Focus Study Group)을 모태로 삼아 그대로 답습한 보고서가 되기 위해 노력했고 또 고민했다.

젖먹던 힘까지 보탰다. 거짓이 없는 마케팅 사랑이 힘으로 작용해 내 등을 쳤음을 거듭 밝혀둔다.

녹색성장산업 승자되기 – 대기업의 경우

한국 기업으로는 글로벌 그린 테크놀로지 마켓에 명함을 내놓을 기업은 많지 않다. 우선 그린 기업의 성장 역사가 짧아서 그린경영의 전략이 부족하기 때문이다. 그린 테크놀로지로는 돈이 될 수 없다는 교훈적 경영철학에서 비롯되었다.

여기다가 지역적인 조건들이 이를 수용하지 못했다. 태양광발전과 풍력, 그리고 조력과 바이오매스 등 신재생에너지 부문에서 탁월한 기술적 우수성을 갖추었다고 해도 우리나라에서 일부 사용은 가능하지만 내수 입지조건마저 갖추어지지 않은 실정이 도사리고 있었다.

한국 제조업을 상징하는 조선·자동차·제철산업이 뒷받침이 되면 사정은 조금 달라질 수 있다. 하지만 아직도 '디젤 = 공해(公害), LPG = 친환경' 등식이 더 잘 통하는 그린 마켓에서 승자가 되는 꿈은 피안의 세계에서나 가질 제안에 불과하였다.

이러한 사이 그린 선진국들은 태양광에서 큐셀, 풍력에서는 베스타스, LED에서는 필립스 등은 그린 테크놀로지 구비와 함께 시공능력, 그리고 수직계열화로 글로벌 마켓에서 승승장구하고 있다.

인맥과 인연이 중요시되는 중동지역마저 GE가 GCC(걸프지역협력위원회) 권역 6개국에서 그린 마켓 시장을 선점해 이미 괄목한 수익계정을 쌓고 있다.

2008년 2월에 첫 삽질을 시작해 오는 2016년 완공까지 220억 달러가 소요되는 마스다르 구축에는 GE의 입김이 드세다.

하지만 올해부터는 기대주 등장으로 한국의 그린 기업환경에서 청신호가 보이기 시작했다.

친환경자동차 개념의 그린카 출시에 따른 리튬이온배터리와 원자력발전, 그리고 스마트그리드 등이 희망주로 떠오르고 있기 때문이다.

시작이 절반의 성공이다

지금은 자본이동의 시대다. 기술세계도 마찬가지다. 탁월한 기술이 없으면 돈으로 해결하면 된다. 냉엄한 국제경제도 이를 허용하고 있다.

중동지역에서 해외플랜트 수출로 처음 국부펀드를 조성한 경험을 살려 해수담수화 기술과 같은 그린 플랜트로 재무장해 글로벌 그린 마켓에 올인하면 승자의 길이 보일 수 있다.

반갑게도 기업인수합병(M&A)으로 글로벌 그린 마켓에서 러브콜을 받는 일이 이어지고 있다. 이를 그대로 미투(me too)하면 된다. 초기 진입 단계부터 리스크 발생만은 미리부터 준비해야 한다.

필립스가 루미라이트 등 관련기업들을 M&A시켜 수직계열화에 성공해 경쟁자 오슬람을 멀리 따돌린 사례는 교과서 감이다.

2007년 10월 세계경영연구원은 '해외 M&A 특별 세미나'를 개최했다. 당시 강사들의 녹취록에는 도움말이 가득했다.

– 합병 후 통합은 늦다. 합병 전 통합하라.(제갈정웅–한국M&A 협회 회장)

– 상장기업 인수를 두려워하지 말라.(박기찬 JP모건 상무)

– 대등한 결합보다 한쪽의 문화를 이식하는 게 필요하다.

　(오정후 세계경영연구원 이사)

– 해외 직접투자도 대안이다.(이원조 김&장 법률사무소 변호사)

따라서 M&A가 최선이 아니라 해도 차선책으로 적극적인 M&A는 독이 아닌 약이 될 수 있다.

녹색성장산업의 본질 자체가 정부의 지속적인 지원에 힘을 받듯 그린 대기업들이 이를 기회(혹은 기반) 삼아서 지속적인 기술개발과 함께 해외시장을 노크해야 한다.

밀가루와 설탕만 기계에 넣고 돌리면 과자가 생산되는 제조업과는 다른 차원의 그린경영전략을 세우면 그게 정답이 된다.

다만 이를 구체화하기 위한 경영전략을 세우는 일이 필요하게 된다. 다시 이를 체크리스트로서 가늠해야 된다.

이 이유 하나만으로도 승자의 길은 하나가 아니다. 둘이 될 수 있고 열이 될 수도 있다. 가능하면 현대 그린 마케팅에 충실해서 진정한 승자가 되는 길을 스스로 개척하면 금상첨화(錦上添花)가 따로 없다.

여러 차례에 걸쳐 기술한 내용이지만 이미 시험단계를 지난 실전에 임하는 경우에 저절로 박수가 나올 수 있다.

1st 포커스 스터디 그룹 보고서
– GE는 어떻게 풍력발전에서 대박을 얻어 냈나

GE에너지의 풍력발전사업은 달러박스다. 연평균 25%의 신장률을 기록하면서 가장 빠른 성장세를 구가하고 있다.

수익계정을 들쳐보면 GE에너지는 최근 수익 3년 만에 4배라는 기록적인 이익을 얻어내고 있다.

글로벌 녹색성장산업이 산업의 패러다임을 바꾸면서 글로벌 그린 마켓에서 대박의 터전을 마련하게 된 것이다. 물론 앞에서 소개한 대로 GCC

지역에서 대박의 기틀을 잡았다.

그러나 GE에너지가 풍력발전으로 대박의 행진을 가능하게 한 동기부여는 곧 포커스 스터디 그룹 보고서의 백미에 해당한다.

두 가지 측면에서 조사된 성공 스토리가 보고서의 핵심이다. 하나는 빅터 어베이드 GE에너지 CEO의 리더십과 속도전으로 치른 기업인수합병(M&A)에 얽힌 사연이다.

2002년 GE에너지는 미국 최대 에너지기업 엔론의 파산과 함께 '엔론 윈드'라는 풍력발전회사를 3억 달러에 인수했다.

이후 GE의 풍력에너지 사업부문 수익은 3년 만에 5억 달러에서 20억 달러로 4배의 증가를 보였다.

둘은 GE에너지가 이렇게 단시간 내 천문학적인 수익을 올린 배경과 함께 GE의 글로벌 네트워크를 극대화시킨 점이다.

실제로 GE에너지는 전 세계에 산재한 4개의 연구센터에서 일하는 3,000여 명의 연구진 가운데 풍력에너지 사업에 필요한 전문가를 불러들였다.

이들이 공유한 연구와 기술을 핵심역량으로 발전시켜 풍력발전 각 분야에 필요한 스터디 그룹을 발족시켰다.

중국 상하이의 연구진은 풍차 날개를 조정하기 위한 마이크로센서를 디자인화하였다.

인도의 방갈로르 엔지니어들에게는 터빈의 효율성을 극대화할 수 있는 수학적 모델을 확립시키는 일을 맡겼다.

미국 글로벌리서치센터(GRC)는 풍차의 동력 시스템 전반을 설계하는 일을 담당시켰다.

독일 뮌헨의 기술자그룹에게는 풍차 날개의 회전속도를 개선시켜 다른 터빈의 움직임을 조정할 수 있는 새로운 엔진을 만들어내게 했다.

각 지역과 각자의 다양한 역량이 한데 모이면서 GE에너지의 풍력사업부는 예상한 것보다 훨씬 빠르게 성장가도를 달릴 수 있었다.

이처럼 GE에너지의 성공 스토리는 활발한 지적 네트워크를 활용해서 이를 풍력발전사업에 올인한 결과라고 보고서에서 결론을 내리고 있다.

실패를 두려워해서는

한국 그린 기업들은 이제 막 출발점을 떠나 42.5km 레이스에 오른 마라톤 선수를 닮았다. 골인지점을 향한 선수들은 내로라하는 아프리카 선수들이다. 이들을 재치고 1등에 골인하려는 형극이다.

우승 실력으로 보면 이미 진 게임에 주연이 아닌 조연으로 뛰고 있는 형극이다. 그렇다고 포기할 수 없는 코스라면 우승할 방법을 찾아야 한다.

체력 보강과 함께 시간을 벌면서 이기는 게임으로 간주해 죽자 살자 하고 앞만 보고 뛰는 일만이 남는다.

글로벌 녹색성장산업에서 승자가 되기 위해서는 마라톤 선수처럼 앞만 보고 뛰는 자세의 유무에서 판가름이 날 수 있다.

그래야만 승자후보에 오른 행운을 만나게 된다. 글로벌 그린 마켓에서 승자의 후보에 오른 한국 기업들이 서서히 나타날 수 있는 지름길이기 때문이다.

우승 후보에는 삼성SDI와 보쉬를 파트너 삼아 약진하고 있는 SB리모티브를 배제할 수 없다. BMW에 전기자동차용 리튬이온배터리 공급자로 선정된 이유에서다.

다음은 두산중공업을 비롯하여 LS산전과 STX, 삼성전기 등이 뒤를 이어가고 있다.

특히 삼성전기는 기존의 휴대폰 케이스로는 일본 기술력에 밀려 만년 2등에서 벗어날 수 없다는 판단에 따라 친환경적인 독자적 기술을 개발에 성공한 케이스다. 나노기술을 응용한 옥수수폰은 미국시장에서 그린 제품의 그랑프리를 거머쥐는 영광을 얻어냈다.

감사하게도 최근 들어 승자 후보들이 줄을 잇고 있다. 비록 늦은 출발이지만 글로벌 녹색성장산업 현장에서 한국 대기업들의 선전은 그린 마케팅에서 긴 가뭄 후 단비처럼 낭보다.

왜냐하면 한국 그린지향 대기업은 일반인이 상상을 초월하여 전 세계 그린 마켓을 꿰뚫고 있다. 범세계적으로 형성한 네트워크에 키만 누르면 모든 정보가 리얼타임으로 데스크에 모인다.

컴퓨터 모니터를 들여다보듯 한눈에 조망이 가능하게끔 그린 정보와 업계 현황이 체크되는 수준을 이미 갖추고 있다.

중소기업에 없는 그린 정보의 자산 이미 그들은 갖추고 있다. 일본의 싱크탱크인 노무라증권연구소도 일본 대기업들에게서 정보와 자료를 얻어 재가공하는 것이 업계의 공공연한 비밀이다.

문제는 CEO의 선택과 집중이다. 그냥 선택과 집중이 아니라 목표지향(goal oriented)적인 집중과 가치로 재무장하면 글로벌 녹색성장산업의 승자로 올인하는 길이 보일 수 있다.

따라서 한국 그린 기업의 승자 등록은 CEO에게 달렸다. 때문에 CEO의 리더십을 제대로 갖춘 기대주 탄생을 기대해 본다.

이를 단 세 단어로 패러디해보면 이런 것이 될 것이다. 다만 필자 나 한 사람의 외침이 아니길 바란다.

'걸(乞)! 승자(勝者) 기대(期待)!'

4 글로벌 녹색성장산업 그린 마케팅(2)

세상만사 처음에 하는 일은 대체로 어렵기 마련이다. 글로벌 녹색성장산업에서 승자 되기는 매우 어렵다. 특히 자본과 기술, 그리고 정보가 풍부한 대기업과 다른 조건을 갖춘 최첨단 그린 테크놀로지 기업의 경우는 더 긴말이 필요가 없다.

대부분 녹색성장산업의 기초 기술은 최첨단 그린 테크놀로지 기업의 몫인 데도 말이다. 대기업은 이들의 기술력을 양으로 혹은 음으로 자본력과 마케팅 능력으로 흡수시켜 그린 에너지 분야별 선택과 집중으로 자기 브랜드를 만드는 데 달인들이다.

반면 그린 뉴딜에 동참한 한국 최첨단 그린 테크놀로지 기업 가운데 세계가 더 알아주는 승자 1순위 후보들이 잇따라 탄생하고 있다.

예를 들면 태양전지 소재의 네오세미테크를 비롯하여 리튬이온전지용 분리막 기술을 특화한 더블유스코트코리아와 태양전지 제조용 특수가스 기술을 보유한 소디프신소재가 그들 면면이다.

최첨단 그린 테크놀로지 기업들의 등장을 전하는 신문매체 기사를 접하면 '한국 그린 테크놀로지(GT) 기업들도 상당한 수준에 이르고 있구나!' 하고 찬사와 선망을 보내게 된다. 현대과학기술의 발달은 급속한 경제성장이라는 풍성한 부의 열매를 안겨주었지만 환경오염과 천연자원의 고갈 등 피해도 만만치 않은 작금의 환경경제 상황에서 이들의 몫은 더 중요할 수 있다.

여기다가 이들의 기술적 축적과 제품화는 범세계적이라 한국 최첨단 그린 테크놀로지 기업에 거는 기대는 남다르다.

그 이유는 세 가지로 요약할 수 있다.

그린 테크놀로지 세계는 광속으로 기술진화가 계속되고 있다. 그리고 모방과 변종이 주기적으로 발생한다. 세계 특허공세를 최우선으로 생각해야 하고 각국의 표준에 걸맞은 국제인증도 함께 갖추어야 한다. 글로벌 그린 마켓에서 승자들이 요구하는 수준의 기업으로서 자기 목소리를 가지는 일에 필수조건으로 대두되고 있다.

뛰어난 품질과 가격 경쟁력에서 그들로부터 직접 러브콜을 받은 만큼 탁월한 기술력을 갖추는 일은 말처럼 쉽지 않다는 점을 배제한다 해도.

다음은 녹색성장산업의 생태가 우선적으로 국가적 지원에 따라 기반을 다지고 나서 기술로 인정받아 발전하고 있는 형태라 국제적 견제는 극에 달하고 있다. 미국과 중국은 알게 모르게 보호무역주의 막을 치기에 한 치의 소홀함마저 없다.

국민들에게 거둔 세금을 지원금으로 충당하는 까닭에 어느 누구도 의견을 개진하기 어렵다. 그래도 이런저런 보호막을 꿰뚫고 승자의 대열에 합류하는 일이 어찌 손쉬울 수 있을까.

그다음은 승자들과의 기술 격차를 이른 시간 내에 극복하려면 상대적으로 강점을 지닌 한국 IT를 활용하는 길을 스스로 찾아내야 한다.

이미 미국 서부 실리콘밸리 소재 벤처기업들은 닷컴에서 와트컴으로 옷을 갈아입기 무섭게 차세대 녹색기술 키워드로 크린 터치(clean tech)를 들고 나오고 있다.

때문에 미국의 친환경 소비자의 다른 이름인 '에코 시크(Eco Chic)'라든가 '그린 보보스(Green Bobos)'들은 이런 기업에게만 투자하기 시작했다.

바야흐로 최첨단 그린 테크놀로지 기업들에게 새로운 신천지가 기다리고 있음이 확실해지고 있다.

녹색성장 승자 되기 – 최첨단 그린 테크놀로지 기업의 경우

혼다는 일본이 낳은 세계적인 기업이다. 자동차 부문에서도 도요타의 아성에 도전장을 내민 것은 닛산자동차가 아니라 혼다자동차다.

혼다의 기업 성적표를 들쳐보면 '혼다이즘'을 읽게 되고 동시에 한국 최첨단 그린 테크놀로지 기업에게도 승자 되기의 해법을 제시하기도 한다.

쉽게 표현하자면 혼다의 '혼다이즘'의 기본개념은 우리에게 잘 알려진 '핵심역량'에서 찾게 된다.

우리는 핵심역량의 피해자로 매도(?)되는 한때가 있었다. 1998년 외환

위기를 맞아 전국이 불황의 소용돌이에 휩싸였던 그 당시 상황이다.

언론매체들은 한결같이 '한국이 위기에 빠진 것은 대기업의 문어발식 다각화 때문이다. 기업이 경쟁력을 갖추기 위해서는 핵심역량 사업 분야로 집중해야 한다'라는 식의 보도가 대부분이었다.

각종 언론들이 당시 제시한 핵심역량과 혼다의 핵심역량은 많이 다르다. 혼다의 핵심역량이란 특정 사업 단위를 지칭하는 개념이 아니다.

급변하는 기술세계에서 끊임없이 신(新)시장과 신(新)사업 분야로 확장함으로써 더 많은 부가가치를 창출하는 기술력 구비가 바로 혼다의 핵심역량이다.

굳이 여기서 핵심역량의 원류를 1950년대를 풍미한 조작이론가 필립 셀즈닉을 소개할 필요는 없다.

다만 조직이나 기업이 단순한 기계와 같은 존재가 아니라 환경에 적응하면서 살아가는 유기체와 같다는 주장에 동의하는 일이다.

조직과 기업은 환경에 적응해 가면서 독특한 고유 역량을 가지게 된다. 이런 고유 역량은 급변하는 환경에 적응하는 기반을 활용도에 따라 기업의 승자와 패자로 갈라진다.

이를테면 고유역량은 지속가능한 경쟁우위의 원천(源泉)이다.

필립 셀즈닉의 고유역량 이론은 1990년대 중반 핵심역량이란 개념으로 발전하여 오늘에 이른다.

지금의 기술기업의 세계는 세계화로 인해 경제파괴와 신기술의 등장으로 글로벌 초경쟁 환경이 조성되고 있다.

이러한 기술우위 환경에서는 기존 사업 분야마다 경쟁우위가 끊임없이 교란되고 무너진다.

소수의 사업 분야에 집중한 조직과 기업은 한순간에 무너지거나 도산할 수 있다는 얘기다.

따라서 조직과 기업들은 새로운 사업 분야와 경쟁우위를 지속적으로 만들어내야 한다. 결국 새로운 사업과 경쟁우위를 창출하기 위해서는 핵심역량을 갖고 있어야 함은 물론이다.

여기서 글로벌 최첨단 그린 테크놀로지 기업은 기존의 가지(사업 분야)에만 매달릴 게 아니라 끊임없이 새로운 가지가 나오도록 뻗어야 한다.

하지만 가지에는 새로운 가지가 나오지 않는다. 뿌리(핵심역량)에서부터 끊임없이 새로운 가지를 뻗어야 한다.

이를 이론적 토대로 살펴보면 핵심역량을 가장 잘 활용한 기업이 일본 혼다다. 혼다의 사업 분야만 보면 무슨 회사인지 정체성 파악이 어렵다.

1948년 혼다 소이치로(本田宗一郎)에 의해 창업한 혼다가 처음 만든 것은 오토바이다. 그 후 경운기를 비롯하여 제초기와 자동차 등 계속 새로운 사업 분야로 확장했다. 최근에는 소형 제트기 사업까지 진출했다.

이처럼 혼다는 엄청난 문어발 기업이지만 그 수많은 사업 분야에서 예외 없이 글로벌 기업으로 들어갈 정도로 경쟁력을 갖추고 있다.

그 비결이 바로 '혼다식 핵심역량'이다. 혼다는 '동력 기술'이라는 핵심역량을 토대로 삼아 새로운 사업을 끊임없이 창출하고 있다.

여기서 '동력 기술'이란 돌아가는, 돌아가게 하는 회전(回轉)을 글로벌 최첨단 테크놀로지로 승화시킨 것을 일컫는다.

동력 기술과 그린 기술의 동행

한국 최첨단 그린 테크놀로지 기업은 혼다식 핵심역량의 교훈대로 글로벌 그린 마켓의 승자들에게서 러브콜은 항상 받게 된다. 그린 기술 세계가 이를 외면할 수 없게끔 세계는 발전에 발전을 거듭하고 있기 때문에 경쟁우위에서 한 치의 소홀함을 보인다면 승자의 자리는 다른 주인공이 차지할 수밖에 없게 된다.

이때 선택의 길은 두 가지다. 하나는 그들의 러브콜에 따라 조인트벤처의 길을 택하는 일이다. 글로벌 경쟁은 유지하기 위해서는 반드시 협업해야 한다는 신념을 공유해야 된다. 그래야만 수평적 협업 관계를 유지할 수 있을 뿐 아니라 실행방안과 권리·책임 관계 등을 명확하게 해야 네트워크가 유지된다.

다른 하나는 프라임 벤더로서 자신을 지키고 몸값을 제대로 챙기는 길이 있다.

'함께 가야 멀리 간다'라는 도움말을 되새겨보면 글로벌 그린 마켓의 승자와의 동행도 고려사항에 넣을 수 있다. 이런 선택은 세계시장에서 자기 목소리를 내는 한 방법이자 차선의 진입전략일 수 있다.

바로 아래에 소개하는 두 번째 포커스 스터디 그룹 보고서 내용은 사실과 객관성 확보가 담보된 자료다. 다만 나는 전문가의 조언과 추천에 따라 참고자료를 명기하고 이룰 이 책의 콘셉트에 걸맞게 조금 각색할 것이다.

2nd 포커스 스터디 그룹 보고서 - 기후변화 대비한 6단계 경영전략

1단계 - 상황을 알자(비즈니스 영향을 파악하라).

기후변화가 기업에 미치는 가장 큰 영향은 무엇보다 규제가 늘어난다는 점이다. 나라별·기업별 할당량에 맞추어 온실가스를 줄여야 한다.

따라서 시장이 변한다. 유엔환경보고서에 따르면 환경소비자 21%는 친환경제품 제품을 구입하고 있다. 에너지를 적게 쓰고 온실가스를 적게 배출하는 제품과 서비스가 소비자에게 선택되는 시대로 접어들었다.

기업은 제품이 생산과 소비, 그리고 폐기 단계에서 발생시킬 CO_2 배출 총량을 탄소발자국(carbon footprint)이라는 표시를 통해 공개하고 고객의 선택을 기다려야 하는 상황으로 흐르고 있다.

2단계 - 나를 알자(탄소 인벤토리를 구축하라).

모든 전략수립은 나를 아는 것에서 출발한다. 우선 자기 회사가 CO_2를 얼마나 배출하는지 알아야 한다. 바로 탄소 인벤토리(carbon inventory) 배출량부터 알아야 한다는 뜻이다.

탄소 인벤토리를 측정하는 통일된 기준은 아직 없지만 세계자원연구소

(WRI)와 지속가능발전을 위한 세계기업협의회(WBCSD), 유럽연합 거래제도와 시카고 탄소거래 시장 등에서 제시한 가이드라인을 참고할 수 있다.

3단계 – 나아갈 방향을 정하자(대응 목표를 설정하라).

여기에는 온실가스를 얼마만큼 저감(低減)할 것인가 하는 '온실가스 목표'와 저탄소 시장에서 얼마나 이윤을 창출할 것인가 하는 '시장 목표' 두 가지가 있다.

특히 시장 목표는 저탄소를 기업의 새로운 성장 동력으로 삼는다는 의지를 보인다는 점에서 매우 중요하다.

듀폰의 경우 올해 말까지 CO_2 배출량을 1990년 대비 65%를 절감한다는 온실가스 목표와 저탄소 제품 매출 20억 달러 달성이라는 시장 목표를 내걸었다.

4단계 – 실행에 옮기자(구체적인 실천 대안을 수립하라).

기업 구성원 전체가 목표를 공감하고 생산 · 제품개발 · 마케팅 · 영업 · 공급사슬 · 조직 관리 전반에서 구체적으로 제시해야 할 일을 명확하게 정해야만 한다.

일본의 셰이코는 환경우수상을 제정해 실천 확대를 이루어 내고 있다.

5단계 – 일을 되게 하라(CEO부터 관심을 보여주라).

기업에서 일이 실제로 진행되려면 CEO의 의지처럼 중요한 것은 없다.

CEO는 온실가스 감축에 관한 목표를 자주 언급함으로써 기업 구성체 전원에서 자극을 주어야 한다.

예를 들면 '기후변화의 리더가 되자' 보다는 그 대신 '에너지 원가 50% 절감'과 '탄소배출 제로' 처럼 구체적인 수치 제시가 한 대안이다.

마지막 6단계 – 생각을 달리하자(비즈니스 기회를 찾아라).

기후변화는 시장의 변화와 고객의 니즈를 바꾸고 있다. 이러한 시장변화에 따라 새로운 비즈니스 기회를 만드는 일이다.

GE의 에코메지네이션 전략도 소비자 니즈 변화를 앞서 읽고 이를 비즈니스 기회로 승화시킨 케이스다.

더 크게는 핵심역량을 네트워크化

녹색성장산업에 뛰어든 것은 한국 기업만이 아니다. 전 세계가 녹색성장을 위해 핵심역량을 모으고 있다. 아니 전력투구하고 있다.

전력투구도 부족하여 선진국에서는 기업에만 맡기는 것이 아니라 중국처럼 정부가 직접 나서서 녹색성장산업에서 국부와 일자리를 함께 찾고 있다.

이런 그린 뉴딜 지향은 2008년 9월 글로벌 금융위기 이후 더욱 뚜렷해지고 있다. 그것도 자신이 처한 국가적 우월성에 초점을 맞추면서 말이다.

아예 글로벌 녹색성장산업에서 승자를 배출한 국가들은 핵심역량을 금과옥조로 삼기도 한다.

이를 토대로 최첨단 그린 테크놀로지 기업들에 필요한 조건은 무엇일까. 세계 최고의 그린 기업이 되기 위해 어떤 전술적 방법은 없을까.

급변하는 환경기술 발전 속에서 우선적으로 핵심역량을 네트워크化하는 일은 하나의 대안이 된다. 네트워크化는 세계적인 추세다.

더블유스코프코리아의 경우 중국 그린스타기업인 비야디(BYD : 比亞迪)와 공급계약을 맺었다. 비야디를 이끄는 왕촨푸 회장이 더블유스코프코리아의 핵심역량에 주목한 결과다.

둘째, 적과의 동침도 불사한다. 한국 녹색성장산업 발전에는 일본의 소재와 부품, 그리고 장비의 수입이 불가피하다. 대일 무역역조를 더욱 심화시키는 것으로 알고 있지만 현실적으로 외면할 수 없다. 그렇다면 적과의 동침도 불사해서 다른 나라 승자와의 커뮤니티(공동체)를 형성하는 일에 주목해야 한다.

이를 통해 정보와 기술의 공유를 다져가는 일이 더 생산적이 된다.

셋째, 인재 제일주의 실천이다. 최첨단 그린 테크놀로지 기업들은 하나같이 종업원에 대한 보상을 중시하고 있다.

기술유출의 방안에 그치지 않고 오랫동안 기술연마에 다져진 끈끈한 연대의식이 강하게 작용하기 때문일 수 있다.

기술 엔지니어에 대한 급료와 대우는 각별 이상으로 챙기는 일에서 최첨단 그린 테크놀로지 기업들은 더 빛이 난다. 경영주는 철저한 이익분배 원칙을 지키는 일만 지키면 된다.

넷째, '리베로' 경영자가 되라. 최첨단 그린 테크놀로지 기업들은 다른 분야에 없는 차별성을 가지고 있다.

웨이퍼 생산업체 네오세미테크의 CEO처럼 세계시장이 좁다하고 전 세계를 직접 누빈다. 축구 감독이나 코치처럼 앉아서 지시를 내리는 CEO는 더 이상 필요하지 않다.

직접 경기장에서 수비와 공격을 전천후로 병행하는 리베로 스타일의 CEO가 각광을 받는다.

이들은 납품실적이 없다는 이유로 외면을 받았다. 문전박대도 기본이 었다. 그러나 이를 극복하고 전문가와 연구소를 일일이 찾아다니며 품질 인증을 받아서 성공에 이르렀다.

마지막 다섯째, 자만과 자신은 절대 금물이다. 최첨단 그린 테크놀로지 세계만큼 기술의 진화는 급변으로 이해하기조차 어렵다.

그린 뉴딜이 세계적인 화두에다 거의 모든 기술선진국들이 여기에서 미래 국가비전과 먹을거리를 찾아나서는 형극에 이르자 광속으로 관련 기술들이 쏟아져 나오고 있다.

어제의 기술은 오늘의 기술 앞에 곧바로 휴지통에 들어가는 사례가 비일비재(非一非再)하게 발생하고 있다.

지금보다 갑절 기술발전에 허리띠를 동여매야 한다. 항상 깨어서 함께 달려야 산다.

한국이 조선 강국과 제철산업 강국이 되기까지는 최첨단 관련 기술업체들의 협력과 동참이 아니고서는 과연 가능했을까.

예컨대 이런 때에 필요한 이들에게 찬사의 덕담은 어떤 것이 있을까.

대기업에게 보낸 찬사가 '걸!, 기대!' 였다면 이번에는 '브라보! 그린 테크놀로지 파이팅!' 으로 대신한다.

5 글로벌 녹색성장산업 R&D 속도전

환경 · 인권 · 국민소득 등 선진국을 규정하는 많은 조건이 있지만 최첨단 테크놀로지만큼 지속가능한 국가의 자산은 없다.

그래서 최근 최첨단 녹색기술연구소마다 내건 슬로건은 한결같다.

'기술이 부자인 나라를 만들자.'

녹색성장을 범국가적 어젠다로 내건 한국은 '기술 로드맵'을 앞세워 전면적으로 경쟁하는 것도 그린 테크놀로지에 담고 있는 부가가치가 그만큼 크고 중대한 것임을 간파한 것으로 해석된다.

한국은 60 · 70년대를 딛고 불과 30여 년 만에 전 세계가 주목하는 압축 고도성장할 수 있었던 것은 기술보국(技術報國)이라는 국가적 가치 아래 고민하고 매진한 결과다.

때문에 그린 테크놀로지 승자만이 국가 미래를 바꾼다는 것에 공감했고 이제는 기술 중시문화가 바로 그 나라의 기술력 수준으로서 대접을 받고 있다.

글로벌 녹색성장산업에서 승자가 되기 위해서도 연구개발(R&D)은 곧 미래 투자다. 미래는 오는 것이 아니라 만드는 것이다.

시간의 흐름에 따라 맞이하는 미래는 성장과 가치에서 판가름이 난다. 시간적 미래일 뿐이다. 글로벌 녹색성장산업의 승자가 되기 위해서는 미래전략을 완수하기 위해서도 기술에 대한 투자가 절대적으로 필요하다.

그린 테크놀로지(경우에 따라서는 그린 테크로 표기함)는 정보와 문헌, 자료로써 진화하지만 핵심은 사람 곧 기술인재다.

그린 테크의 미래를 결정짓는 요소는 기술전문가다. 미래의 투자는 결국 사람에 대한 투자라는 데 우리는 이미 공감하고 있다.

그린 테크를 가진 국가만으로는 부족하고 기술을 다룰 줄 아는 시대가 요구하는 수준의 전문 기술연구소의 선전이 기대되는 시대가 바로 지금이다.

기술과 기술에 대한 사회적 시각이 교정되면 글로벌 녹색성장산업은 비로소 날개를 달 수 있다.

녹색성장 승자 되기 - 그린 테크놀로지 연구소의 경우

최근 지식경제부 산하 13개 정부출연 연구소가 녹색성장과 같은 파급효과가 큰 88개 핵심 프로젝트를 선정해 'R&D 속도전'을 전개하고 있다.

전 세계가 그린 뉴딜을 완수하기 위해 국력을 총동원하고 있는 글로벌 그린 마켓 현실에서 볼 때 정부출연 연구소 주도로 선택과 집중 전략은 매우 필요하다. 이를 통해 핵심기술을 개발하고 조기 상용화해 글로벌 그린 마켓을 선점하는 일이야말로 녹색성장 승자 되기의 백미다.

2009년 6월 10일 대전 한국기계연구원에서 열린 'R&D 속도전 대국민 보고대회'에서 발표한 내용은 신기술 개발로 시작해 조기 상용화를 거쳐 세계시장 선점을 기대하고 있다.

정부출연 연구소는 평균 9개월의 연구기간을 단축해 13조 원의 경제적 효과를 창출하겠다는 계획이다.

한국화학연구원은 글로벌 녹색성장산업의 진흥을 위해 녹색기술개발을 속도전으로 삼았다.

태양전지용 소재 제조기술을 비롯하여 CO_2와 메탄올을 합성하는 CO_2 자원화 기술개발, 그리고 CO_2로 만든 메탄올은 청정 연료인 바이오디젤을 만드는 데 필요한 그린 테크다.

오헌승 한국화학연구소 원장은 "CO_2 자원화 같은 그린 테크는 관련 시장이 급팽창할 것으로 보고 세계 각국이 투자하는 분야"라며 "한발 앞서 거나 뒤지느냐에 따라 명암이 엇갈리기 때문에 속도전이 필요하다"라고 주장했다.

아웃사이드의 마케터인 내가 보기에도 정부 출연 연구소의 분발이 촉구되는 현실에서 'R&D 속도전'은 시의적절한 정책 결정이 아닌가 싶다.

너무나 많은 연구소 운영은 물론 기술인증에 오랜 시간이 걸려서 알토란과 같은 수십 개 아이템이 외국에 뺏기기 일쑤였다. 2009년 국감을 통해 잘 알려진 사실이기도 하다.

3rd 포커스 스터디 그룹 보고서 – CBI 기후변화보고서

이 보고서는 영국 CBI(영국기업연합)의 보고서(2008년 11월 발표) 내용의 일부다. 제목이 '저탄소 혁신 : 미래를 위한 기술 개발'이라는 보고서의 요약본이다. 이렇게 자료의 소재를 분명하게 밝히는 이유는 저작권에 관한 보고서이기 때문이다.

하나 – 저탄소 기술에 대한 R&D 투자의 비중 확대

오는 2020년까지 신재생에너지를 15% 늘리고 2050년까지 CO_2를 80%로 감축한다는 영국의 원대한 목표를 달성하기 위해서는 저탄소 기술에 대한 공공 부문과 민간 부문의 연구개발 비용을 증가시켜야 한다.

현재 국가연구개발비가 정부 총 연구개발 예산의 30%를 차지하고 있는데 이는 약 62억 파운드의 구매력에 상당하는 돈이다.

우리의 포부는 이 연구개발 수준을 저탄소기술을 위해 사용하는 것이다. 기후변화에 대한 '스턴보고서'는 지금 탄소 배출량 감소에 투자를 유예하는 것보다 더 큰 비용을 지닌다는 사실을 보여주었다.

핵심기술의 다수는 이미 알려져 있다. 이제 중요한 문제는 이 기술들을 사용하는 일이다.

둘 – 알려진 기술과 시연(試演)의 확산

CBI 기후변화 보고서를 위해 매킨지(McKinsy)가 수행한 분석결과로 영국의 장기적 탄소 감축 목표를 달성할 수 있는 핵심기술들이 확인되었다.

이 기술들로 가장 많은 탄소 감축 효과를 볼 수 있는 네 영역은 건축과 에너지 발전, 운송과 산업 공정이다. 2020년까지 주요기술들이 무엇이 될 것인지에 대해서는 일반적인 합의가 전제된다.

셋 – 정부에 대한 권고 사항

경쟁력 강화를 위한 EU 리스본전략에 맞춰 올해 말까지 총 연구개발비를 확충한다.

첫째, 우선적으로 혁신 대학 교육부와 재무부는 현존하는 조직들을 통해 10년 안에 탄소 저감을 실현할 알려진 저탄소 기술들에 기금 투자를 촉진하기 위한 과정을 확립해야 한다.

둘째, 영국이 저탄소 경제를 혁신정책의 선결과제로 배치하여 세계 리더가 될 수 있도록 저탄소 기술군(技術群)의 장기적 연구에 집중한다.

셋째, 기후변화부와 환경청을 비롯하여 다른 관련 부처들은 장기적 저탄소 목표에 대해 합의해야 한다.

이러한 영역들에는 비즈니스 지원의 합리화와 성과에 중점을 둔 공공 조달 실현 등이 포함된다. 물론 영국이 모든 역량을 적절히 구사해야 함은 말할 것도 없다.

그린 테크놀로지 버전으로 R&D에서 C&D로

'영국기업연합(CBI) 보고서' 대로 글로벌 그린 마켓에서 승자가 나오려면 전문 기술연구소의 힘을 빌리거나 받는 일은 아무리 강조해도 부족하다.

모든 기술이 전문 기술연구원의 피나는 각고의 노력이 없이는 그저 하늘에서 떨어지지 않기 때문이다.

최근 다행스럽게도 한국 기술연구소의 개혁이 이루어지고 있는 점도 반가운 소식이다. 지금까지는 관행처럼 국가적 기술연구과제가 프로젝트 베이스시스템(PBS)에 따라 국가예산을 확보하려면 연구 주제와 동떨어졌더라도 정부예산 규모가 큰 프로젝트에 응모하는 사례가 다반사로 이루어졌다.

이로 인해 왜곡된 연구 환경을 만드는 PBS와 논문 편수만을 중시하는 양적인 평가시스템이 개선되지 않으면 한국 그린 테크 미래는 물 건너가는 것과 마찬가지였다.

올해 들어 정부 R&D 지원체계의 대대적인 수술에 따라 부처별 연구개발 칸막이 허무는 작업이 진행되면서부터 기술에 목마른 기업들에게 피가 돌게 만들고 있다.

기술전수를 쉽게 하고 국가 간 공동 R&D를 늘려 가는 기술정책이야말로 이미 기술 선진국에서 보편화된 시스템인데도 시기적으로 늦은 감이 없지 않지만 그나마 다행이다.

더 다행스러운 것은 2007년 경제협력개발기구(OECD) 국제경쟁력 강화 회의 가운데 R&D에 관한 논의에서는 PPP(Public Private Partnership: 민간합작투자)라는 개념이 화두가 되었다.

녹색성장 시대가 요구하는 수준의 그린 테크 정책이 새롭게 정립을 시도하려는 움직임이 여간 반갑지 않다.

지금까지는 단순한 연구개발을 뜻하는 R&D(Research & Development)에 대한 개념인 C&D(Connect & Develop)로 교체되고 있다.

C&D라는 신개념이 요구하는 대로 연계개발과 제휴개발을 통해 성과를 내는 것이 핵심과제로 떠오르기 시작했다.

최근 OECD 통계에 따르면 한국은 국내총생산(GDP)에서 R&D가 GDP

대비 R&D 비중이 2003년 2.63%였고 2005년에는 2.99%로 높아졌다.

이는 일본의 3.33%보다는 낮지만 미국의 2.62%보다는 높다.

이를 위해서라도 한국 정부는 연구소와 수많은 연구원을 함께 아우르는 컨트롤 타워의 설치와 운영이다.

여기까지 글로벌 녹색성장 그린 마케팅의 세 번째 항목을 마무리할까 한다.

글로벌 녹색성장산업의 승자를 기대해서 대기업에게는 '걸! 기대!'로 박수를 보냈고 최첨단 그린 테크놀로지 기업들에게는 '브라보! 그린 테크놀로지 파이팅!'을 외쳤다.

이제 그린 테크놀로지 연구소와 그린 테크노롤지 연구원에게는 이런 기대를 걸어본다.

'당신만을 믿어 볼게!, 한국이 녹색성장을 통해 부자나라가 되는 먹거리 창출을 위해!'

Chapter 7.
이명박 정부 글로벌 녹색성장산업 날개 달기

1 그린에게 길을 묻다

전 세계는 녹색혁명에 올인하고 있다. 녹색 선진국들은 선진국대로 녹색 개발도상국가들은 그들 나름대로 단 하나뿐인 지구를 살려내야 한다는 대명제 앞에서 나와 네가 따로 없다. 우군과 적군으로 나누는 것도 언어의 수사에 지나지 않는다.

'포스트 코페하겐의정서'가 본격 논의된 2007년부터 전 세계는 지구온난화 방지와 기후변화 대응, 그리고 온실가스 감축 등 3대 지구촌 과제에 대한 우려와 준비로 3여 년을 보냈다.

지난해 12월 덴마크 코펜하겐에서 열린 제15차 유엔기후변화협약 당사국총회에서 합의에 의해 2013년부터 한국도 예외를 인정하지 않게 되었다.

제4의 물결 바이오 혁명에 이어 제5의 물결 그린 혁명은 전 세계적인 화두로 자리를 잡기 바쁘게 글로벌 녹색성장산업의 메이저그룹들은 그린 러시(green rush)에 목을 매고 그린 뉴딜을 향해 스타트라인을 벗어나자마자 내친걸음으로 그린 비즈니스(돈의 다른 이름)라는 결승점을 향해 열심히 뛰고 있다.

그린이 달린다

우리가 익히 알고 있듯이 한국 이명박 대통령은 지난 2008년 8·15 광복경축사를 통해 '저탄소 녹색성장(低CO_2 Green Growth)' 비전을 발표했다.

"한강의 기적에 이어 한반도의 기적을 만들기 위한 비전"이라는 단서를 달아서. 이 대통령은 녹색성장을 통해 내적으로는 '환경과 성장', 외적으로는 '고유가 위기 극복'과 '일자리 창출'이라는 두 마리 토끼를 잡겠다는 점을 밝혔다.

이명박 대통령은 "산업화는 늦었지만 정보기술(IT)을 통해 정보화를 앞당겼다"고 전제해서 "녹색성장도 대담하고 신속하게 나아간다면 반드시 녹색강국으로 거듭날 수 있다"고 국정의 자신감을 내비쳤다.

한마디로 이명박 정부의 녹색성장은 국가적 미래전략인 동시에 한국이 앞으로 어떻게 먹고 살아가게 될 것인가를 제시한 당찬 비전이 아닐 수 없다.

특히 이명박 대통령은 "신재생에너지산업은 기존 산업에 비해 몇 배나 많은 일자리를 창출할 것이다"면서 "정보화시대는 부의 격차가 벌어졌지만 녹색성장시대에서는 그 격차가 줄어들 것이다"라고 역설했다.

2008년 9월에는 국가에너지위원회를 열어 현재 신재생에너지 사용비율을 현재 2%에서 2030년에는 11% 이상까지 높이도록 투자를 확대하는 내용의 국가에너지 기본계획 발표가 뒤를 이었다.

그리고 약 1년이 지난 2009년 7월 이명박 정부는 '녹색성장 국가전략'과 '녹색성장 5개년 계획'을 동시에 발표했다.

미국 버락 오바마 행정부처럼 그린 뉴딜의 행동실현에 시동을 걸었다. 발표된 청사진은 환경을 비롯하여 에너지와 기후변화, 그리고 4대강 사업과 국민생활의 그린 라이프스타일 제안 등 사회전반에 걸쳐 야심찬 발전전략을 담고 있다.

100년에 한 번 있을 법한 글로벌 금융위기를 겪는 과정에서 등장한 녹색성장은 신성장동력의 가능성에 주목해 환경보전과 경제성장을 동시에 달성한다는 상생(相生)전략을 기본철학으로 삼고 있다.

2010년 한국 경제의 화두는 주력산업의 녹색화(綠色化)다. 어려운 영어를 빌려 쓰자면 그린 트랜스포메이션(Green transformation: 綠色轉換)이다.

이명박 정부의 그린 트랜스포메이션은 '3G 전략'으로 추진된다.

첫째는 녹색혁신(Green Innovation)이다.

9대 주력 산업을 비전에 따라 세분화한 뒤 업종별로 그린 테크놀로지 융합을 통해 기존 산업의 저탄소화를 도모하겠다는 계획이다.

둘째는 저탄소형 산업구조로의 그린 재설계(Green Restructuring)이다. 예를 들면 에너지를 많이 소비하는 비중이 높은 경제구조를 저탄소형 경제구조로 전환하겠다는 것이다.

셋째는 가치사슬의 녹색전환 달성(Green Value Chain)이다. 이를 위해 원료와 생산, 유통과 소비, 그리고 폐기 등의 가치사슬 전 과정을 친환경적인 저탄소형으로 전환하는 일이다.

그동안 한국경제는 수출드라이브와 제조드라이브를 통해 세계시장에서 성장했다면 그린 뉴딜 시대에서는 그린 드라이브를 걸어 지구온난화 방지와 기후변화 대응이라는 신성장발전의 엔진을 돌리겠다는 것이다.

그린 주사위는

이명박 정부의 녹색성장정책은 국가 성장 패러다임을 바꾸었다는 점에서 세계적으로 주목을 받았다.

그렇지만 아직은 가야 할 길이 멀다. 이명박 정부는 지난 1년 반 동안 녹색성장의 틀을 짜는 데 주력했다.

그러다보니 각론은 제대로 정하지 못했다. 겨우 총론의 도출과 제안 수준에 머물고 있다. 녹색성장정책을 제대로 밀착시키기 위해 유의할 점 세

가지를 짚어본다.

하나, 단기적 성과에 안달하지 말아야 한다. 녹색성장정책은 단기간 내에 성과를 낼 수 있는 성격이 아니다. 몇십 년이 걸리는 작업이다. 신재생에너지 선진국인 덴마크와 스웨덴 등은 1970년대부터 관련 산업에 투자를 시작했다.

어림 계산해도 족히 30년이 넘게 꾸준한 투자가 이들 국가를 신재생에너지 선진국가로 만들었다.

둘, 투자유인책을 만들어야 한다. 한국 기업들은 상당수 녹색성장정책의 필요성에는 모두 공감하고 있다. 돈이 될 것이라는 점에서는 각기 다른 생각이다. 이미 글로벌 그린 마켓은 메이저그룹의 독무대였다는 점이 부담감으로 작용함은 거짓이 없는 사실이다.

틈새시장 개념에서 출발해 민간투자를 끌어들이는 매력을 높이기 위해 그린 프로젝트나 녹색기업에 대한 지원과 함께 인증제도 도입을 서둘러야 한다.

이러한 제도적 장치 없이 서둘러 출범시킨 1차 '녹색성장펀드' 운용사는 그 자격을 박탈당했다.

셋, 한국형 녹색산업에 집중하여야 한다. 유럽은 자국 실정에 맞는 신재생에너지전략을 고수했다. 산림이 많은 스웨덴은 바이오매스를, 바람이 많은 덴마크는 풍력을 선택했다. 스페인은 태양광에 포커스를 맞추었다.

벌써부터 초기단계 투자비용을 감당하지 못해 쓰러지는 기업도 생겨나고 있다. 2000년도에 불었던 '벤처투자 거품'이 다시 일어나지 말라는 법도 없다.

이를 방지하기 위해서는 한국 실정에 맞는 녹색산업의 우선순위를 정해 미리 교통정리를 하는 게 절대적으로 필요하다.

던져진 주사위는 회수가 어렵다. 만약 던져진 주사위라면 녹색성장산업의 미래를 믿고 올인하는 게 최선책이 될 수 있다.

긴 약속 · 긴 시장조사 · 긴 인연

이 책 제7장 이명박 정부 글로벌 녹색성장산업 날개 달기는 내가 그냥 앉아서 전문가 그룹과의 인터뷰나 관련 자료에 의해 제안한 것은 아니다. 정말 아니다.

고백하건대 4년 저쪽으로 거슬러 올라간다. 정확하게 지난 2006년 7월 어느 날, 열사의 나라 중동지역 아랍에미리트 두바이에서 50일 동안 시장조사 용역에 참가한 한때가 있었다.

범 무서운 줄 알아야 하는데 너무나 중동시장을 모르고 찾는 발길은 실패와 참다운 참패로 끝이 났다.

이를 만회(?)하겠다는 뜻에서 귀국해 단행본 〈글로벌 브랜드 두바이〉를 펴는 것으로 만족할 수밖에 없었다.

이게 만족이라면 좋으련만 그 책 말미에 아부다비 관련 단행본 출판을 약속한 과오(?)를 범하고 말았다. 단 하나의 단서를 붙여서 말이다.

"우리 독자들은 기억력이 탁월하십니다. 앞으로는 저보다 현명하시기 때문에 한 수 먼저 가르치는 어쭙잖은 집필의 트릭과 담을 쌓아서……"

그리고 우여곡절을 겪고 우리 독자님과의 약속은 지난 2009년 11월 그 약속을 지켰다. 물론 아부다비 편 집필을 위해 두바이와 아부다비를 번갈아 시장조사를 다닌 과정에서 2008년 2월 세계 최초의 '제로카본시티' 아부다비 마스다르(Abu Dhabi Masdar) 첫 삽질을 접하게 되었다.

열사의 나라에서, 그것도 산유국 아부다비에서, 세계 최대의 국부펀드(SWF)를 운용하는 나라에서, 오는 2016년까지 220억 달러(27조 5,000억 원)를 투자해서, 또 국제재생에너지기구 본부를 마스다르에 유치란 저력을 지켜보면서, 나의 오른쪽 뇌를 치는 그 무엇을 접하게 되었다.

협의(狹義)의 한국 녹색성장산업의 미래를 넘어 광의(廣義)의 글로벌 녹색성장산업의 미래가 어떻게 전개되고 어떤 방식으로 진행될까에 대한 생각이 아라비아해(海)에 넘실대는 물안개처럼 겹쳐왔다.

2 이 바보야!
상대는 글로벌 그린 마켓이다

2008년 6월 어느 날.

장소는 중국 광저우(廣州) 국제조명전람회 컨벤션센터.

가장 바이어가 많이 몰리는 업체는 싼슝지광자오밍(三雄極光照明)회사였다. 베이징 올림픽 주경기장 '나오차오(鳥巢)'의 대형 야간 조명사진이 바이어의 시선부터 붙잡고 있었다.

베이징 올림픽을 빛낸 이 조명시설은 이 회사의 작품이다. 꿈의 소재 발광다이오드(LED)가 만들어낸 마술이 베이징 올림픽 조명을 주도했었다.

기후변화 대응 이중구조

최근 코펜하겐회의의 도출의 전말을 지켜본 세계 언론인들은 두 가지 그룹의 자기 목소리를 내기 시작했다.

개발도상 국가들은 환경 선진국부터 온실가스를 40% 줄여달라고 요구하고 있는 반면 환경 선진국들은 중국과 인도의 감축목표부터 제시하라는 등으로 의견이 나뉘었다.

지난 100년간 지구 기온이 0.7도 상승했다. 만에 하나 2도에 달하면 북극 동토가 녹으면서 CO_2보다 온실효과가 20배인 메탄가스가 방출될 것이라는 우려가 높다.

우선적으로 2도 이내로 묶으려면 환경 선진국들은 2020년까지 25~40%를, 2050년까지는 80%를 감축해야 한다.

개발도상 국가들도 함께 2050년까지 50% 감축해야 한다. 하지만 선진국과 개도국 사이의 입장 차이는 크다.

미국과 EU 국가들은 중국과 인도 등 개도국에 구속력이 있는 감축 목표를 제시할 것을 줄기차게 주문했었다.

개도국 역시 지구 온난화의 역사적 책임이 있는 선진국이 먼저 2020년까지 40%를 줄이라고 맞서고 있었던 것이다.

여기에 더 붙여서 환경 선진국들이 연간 1,500억 달러와 환경기술을 지원해야 하는 요구조건을 첨부시켰다. 탄소배출권 거래를 통해 보조 기금 1,500억 달러를 하루 빨리 조성해서 말이다.

특히 전 세계 온실가스 배출의 40%를 점하고 있는 미국과 중국의 협상은 순조롭지 못했다. 서로가 다른 해석과 다른 속셈을 줄곧 견지하고 있었다.

미국은 글로벌 녹색성장산업에서 수십억 달러를 투자해 세계 각국과 신재생에너지 개발에 나섰다.

미국은 건물의 에너지 소비효율을 비롯해 태양 에너지와 리튬이온전지 배터리, CO_2 회수처리(CCS)와 스마트그리드, 전기자동차 등 일곱 가지 분야에서 최첨단 기술개발에 올인하고 있다.

이 같은 노력은 중국이 큰 관심을 가지고 있는 발광다이오드(LED) 조명과 저에너지 자동차, 효율적인 에너지 소비 시스템과 태양광발전과 풍력발전 개발에도 서로 합일되어 있다.

그것마저도 잠시 감추고 자기가 유리한 방향으로 기후변화협약에 임했던 것이다.

글로벌 녹색성장산업 우위전략은 자국의 보호주의로

지난해 대규모 풍력터빈 공급업체를 선정한 중국 정부 공개입찰 25건은 중국 기업만 낙찰을 받았다.

입찰에 참가한 6개 외국 기업은 불충분한 자료 제공 등 갖가지 이유로 부적격 판정을 받았다.

중국 주재 유럽연합상공회의소 조르그 부투케 소장은 "중국 업체들은 풍력터빈을 만들어본 시공경험이 전혀 없지만 모두 입찰에 성공한 반면 시공경험이 풍부한 외국 업체는 입찰 사흘 만에 나가 떨어졌다"고 주장했다.

입찰에 참가한 외국 업체들은 풍력터빈을 제조할 때 자재의 70% 이상을 중국산으로 사용해야 한다는 규정을 충족하도록 미리 중국에 공장을

지었지만 결과는 빈손이었다.

중국 정부는 이어 용량 1,000kw 미만인 풍력터빈 설치를 금지하는 결정을 내리고 유럽업체들이 가장 많이 제조하는 있는 850kw짜리 풍력터빈을 배제하는 결과를 낳았다.

또 중국 정부는 2009년 4월 태양광발전소 설립에도 자재의 80% 이상을 중국 제품으로 사용해야 한다는 규정마저 신설해서 시행 중이다.

문제는 이 같은 조치가 세계무역기구(WTO) 규정이 배제된 현실에서 제재할 방법이 없다는 점이다. 그러나 중국 정부의 전폭적인 지원을 받고 급성장한 중국 신재생에너지 기업들의 성장 속도는 매우 빠르다.

중국은 지난해부터 세계 풍력발전 시장에서 미국을 제치고 세계 최대 풍력에너지 시장으로 급부상했다. 중국은 현재 6개 풍력기지를 건설하고 있으며 규모는 대부분 1만~2만 MW(메가와트)급이다.

미국도 버락 오바마 대통령 등장과 함께 향후 10년 동안 1,500억 달러를 투자해 500만 개의 일자리 창출과 에너지 고효율 주택 100만 채 건설을 발표했다.

여기서도 필요한 프로젝트와 환경기술에서 자국 보호무역주의의 벽을 쌓고 있다. 실제로 미국은 2009년 2월 17일 보호무역 방아쇠가 당겨졌다.

오바마 대통령이 '바이 아메리카(Buy America)' 조항이 담긴 경기부양 법안에 서명했다. 바이 아메리카 조항은 정부의 경기부양 자금이 투입되는 정부공사에 미국산 철강 및 공산품 사용을 의무화하는 내용이다.

세계 경제 질서인 개방(openness)과 협력(collaboration)과는 배치된 그린 뉴딜 정책이 아닐 수 없다.

이처럼 중국과 미국 등이 보호무역주의를 풀지 않고 더 굳게 지키는 글로벌 그린 마켓에서 우리에게 필요한 것은 과연 무엇일까. 과연 무엇부터 챙겨야 할까.

답은 이미 정해져 있다. 녹색성장산업에서 자기 목소리를 내고 있는 기업들은 지피지기 배전백승(知彼知己 百戰百勝)이라는 사자성어를 기억해야 한다. 이런 사자성어는 이번까지 두 번째로 인용하고 있다.

이를 다시 되새겨서 제안하고 또 주문하는 무례(?)야말로 한국 기업들도 탁월한 환경기술로 대접받고 있어서 이제 승부수를 띄울 만큼 일취월장하고 있기 때문에 그렇다.

이명박 정부의 우선순위 전략 수립

거의 모든 환경선진국이 자국의 장점부터 올인하듯 한국도 원자력발전을 비롯하여 리튬이온전지배터리와 스마트그리드에서 우선순위로 삼을 필요가 생겼다.

그다음으로는 발광다이오드(LED)와 담수화 친환경 처리기술과 같은 그린 플랜트를 고려해도 좋을 것이다.

이를 완수하기 위해서는 국제 표준기준에 걸맞은 기술력 비축과 함께 각 분야에서 필요한 매뉴얼 구비도 함께 갖추는 일이다.

내가 중동지역 산업현장에서 직접 확인한 결과(?)는 제대로 된 영문 카탈로크는 태부족이었다. 그 좋은 머리, 그 많은 기술연구소마다 흔하게 있는 외국 매뉴얼을 참고해서라도 한국 환경기술을 국제표준에 맞게 각색해서 구비시키는 일부터 챙겨야 할 것이다. 가장 적은 지적이라고 해도 설계도 없는 건물은 탄생이 불가능하다.

이웃나라 일본의 NEDO 자료를 체크해 보면 일본어와 함께 영문 매뉴얼까지 꼼꼼하게 구축해 놓고 있다.

적절한 비교에는 미치지 못하더라도 일본은 이번 신종플루 대비책에서 지진 훈련하듯 교범까지 갖추어 대응하고 있음을 체크리스트로 삼으면 된다.

'신종플루가 일본 전역에 퍼져 수백만 명이 노출되었다. 회사 직원 절반이 결근도 했다. 당신이 사장이라면 어떻게 하겠는가.'

최근 일본 닛케이비즈니스는 일본 후생노동성이 각 기업에게 전달한 '사업자 및 현장 근로자의 신종플루 대책 가이드라인'을 소개했다.

히타치제작소의 경우를 들어 'BCP(업무지속계획: Business Continuity Plan)'를 자세하게 기술하고 있었다.

또한 지난해 정부출연 연구소 통폐합 수준의 녹색성장 테크놀로지 개발과 개선에 필요한 전담 클러스터 운영이 필요할 때가 지금이 아닌가 싶다.

우리의 상대는 비좁은 국내가 아니다. 국내용은 녹색성장산업의 발전과정이 내수에서 국가의 지원을 통해 성장한 다음 해외로 나가는 것이 올바른 진로설정이다.

앞에서 소개한 중국 LED 업체 싼쑹지광자오밍의 나오차오(鳥巢)는 상하이 금융공사 빌딩에도 그대로 재연되고 있다.

'기술보국(技術報國)'이라는 캐치프레이즈를 나오차오와 교집합시켜서 말이다.

어쨌거나 이제 한국은 가야 할 길이 멀기 때문에 처음부터 글로벌 그린마켓을 지향해서 덴마크의 베스타스라든가 독일의 큐셀과 같은 수준의 글로벌 녹색성장산업 승자를 하루빨리 탄생시켜야 한다.

때문에 '무엄하게도' '이 바보야!'를 맨 앞에다 걸치고 있다.

'이 바보야! 상대는 세계다.'

3 The Green Road

인류역사는 길과 함께 발전했다. 길이 없으면 각종 도구를 이용해 도로를 만들면 된다. 역사학적 실크로드 탄생을 살펴보면 당연한 이치다.

광활한 대지 위를 말이나 낙타를 타고 길을 따라 동양과 서양을 잇는 실크로드는 글로벌 녹색성장산업에서도 그대로 통한다.

실크로드(Silk Road)가 땅 길이었다면 그린로드(Green Road)는 바닷길이라는 점이 다를 뿐이다.

이명박 정부의 녹색성장산업 날개 달기 세 번째 주제는 그린로드다. 지금까지 동서를 잇는 길은 땅과 하늘이었다면 이제는 바다를 통한 길이 바로 그린로드다.

그린로드를 따라 날개 달기 코스는 당연하게 인도양을 거치게 마련이다. 한국 서해 새만금에서 출항한 배는 대만해협(臺灣海峽)을 끼고 내려가다가 전 세계 교역량의 40%를 차지하는 말라카해협으로 빠진다.

그냥 빠지는 것이 아니라 전 세계 원유 수송 70%를 담당하는 인도양을 거치면서 그 배는 두 곳의 인도를 들린다.

한 곳은 세계적인 바이오 클러스터 게놈밸리이고 다른 한 곳은 IT밸리 방가로르다. 한국 이명박 정부가 녹색성장산업의 메카가 되기 위해서는 필요조건으로 인도와의 윈윈게임 실행여부에 따라 매달 색깔과 판도가 달라질 수 있다.

일단 인도를 거친 배는 다시 긴 항해를 계속하다 선수를 호르무즈해협으로 돌리기 마련이다. 그리고 여섯 나라로 묶여있는 GCC(걸프협력위원회)의 아부다비에 닻을 내린다.

세계 최초 제로카본시티(zero carbon city)를 건설하고 있는 아부다비 마스다르에서 그린로드는 끝이 난다. 아니 그 역순으로 마스다르에서 새만금을 잇는 그린로드도 생각해야 한다.

세계사의 중심, 인도양으로

미국의 국제안보 전문가 로버트 캐플런(Kaplan)은 미국외교협회(CFR)가 발행하는 세계적 권위 잡지매체 '포린 어페이스' 최신호에서 이런 주장을 폈다.

"21세기 세계사의 중심은 인도양이다"라고.

이를 새롭게 유추해보면 이명박 정부의 녹색성장산업 날개 달기에서 인도양 카드는 천우신조(天佑神助)나 다름없다.

2009년 8월 한국은 인도와 세계무역 질서 CEPA(Comprehensive

Economic Partnership Agreement)를 체결했다.

　12억 시장 인도가 한국과의 'FTA 효과' 수준의 CEPA를 체결한 배경에는 잘 알려진 대로 일본과의 밀월이 더디게 되자 한국부터 손을 잡은 것이다.

　2009년 4월 인도 총선을 통해 재선한 마모한 싱 총리는 무엇에 우선하여 빈약한 사회간접자본 확충이 절실했다. 우선적으로 일본 자본을 끌어들여 해결하려고 했지만 여의치 않자 차선책으로 한국을 선택하게 되었다.

　분명 여기에는 우리가 주목하고 발전시켜야 하는 그린 어젠다가 도사리고 있다.

아프리카 진출의 히든카드 중심에 인도가 있다

오는 2015년 이후 온실가스 감축 목표가 훨씬 강화되면 환경머니는 860억 달러로 추정하고 있다.

지난해 말까지 걷힌 돈은 6,700만 달러에 그쳤다고 해도 지구환경기금 (GEF) 운영규모는 세계은행을 포함시킨 발리로드맵에 따라 탄소배출권 거래는 천문학적으로 늘어나게 된다.

환경머니 870억 달러는 한국에는 곧 기회다. 왜냐하면 이 기금의 용도는 선진국들의 CO_2 배출로 직접적인 피해를 보고 있는 개발도상국을 지원하는 데 쓰여진다. 우선적으로 아프리카 국가들이 수혜국이 된다.

전문가들은 이 기금이 한국경제의 미래를 좌우할 수 있다고 지적한다. 개발도상국에 지원하는 이 기금 가운데 일부를 한국이 맡게 되면 '제2의 중동건설 붐'을 기대할 수 있다는 것이다. 이를 위해서는 개도국에 곧바로 적용할 수 있는 기술을 개발해 기후변화사업에 참여하는 일이다.

바로 이 대목에서 한국은 비즈니스 기회를 얻어내야 한다. 아니 만들어야 한다. 하지만 현재 상황으로는 아프리카 개발도상국에서 비즈니스 기회를 직접 얻기는 어렵다.

그동안 이 지역과 깊은 거래관계를 구축하고 있는 인도와 함께 진출하는 방법을 진지하게 고려해야 한다는 전문가들의 의견에 귀를 기울이는 일이 필요하게 된다. 이를 위해서라도 인도 카드는 꼭 체크리스트 이상의 의미를 지니고 있음이 자명해졌다.

인도 카드 · 새만금 카드 · 마스다르 카드

다시 말해 개발도상국 아프리카 진출에서 가장 효과적이고 효율적인 접근정책은 인도 카드를 이용하는 길이 필수적이다.

올해 열리는 남아연방 월드컵에 즈음하여 모든 공사 인력은 인도의 독차지였다. 감시시스템 설비는 인도의 독무대나 마찬가지였다.

한국 녹색성장산업 기업들은 인도 안드라프리데시의 게놈밸리와 IT밸리 방가로르 진출기업과 손을 잡고 아프리카 시장에 진출하는 길을 모색할 수 있다. 아니 모색해야 한다.

한국은 최근 새만금에 40MW 규모의 대형 풍력시범단지 건설과 2011년까지 100MW 규모의 태양광발전단지를 조성할 것을 발표한 바 있다.

여기다가 건설비 220억 달러라는 천문학적인 거금이 투자되는 마스다르 건설 프로젝트는 이미 한국에 러브콜을 보내고 있다.

오는 2016년 완공을 목표로 제로카본시티를 건설하고 있는 아부다비 마스다르는 1차로 신재생에너지 클러스터를 목표하고 있다. 전 세계에서 내로라하는 관련기업과 연구소 등 1,500개 모집에 들어갔다.

이를 위해 아부다비 마스다르는 2009년 국제재생에너지기구 본부를 유치해 세계를 깜짝 놀라게 했다.

차제에 논리를 비약해 보면 새만금과 아부다비 마스다르를 잇는 그린로드를 만들면서 인도 카드를 활용하는 일은 고려해봄직 하다.

원래부터 실크로드가 있었던 것은 아니다. 필요에 의해 길이 만들어졌듯이 아무리 바닷길이라 해도 만들면 항로가 된다.

그렇다고 녹색 바닷길은 먼 곳에 있는 것이 아니다. 860억 달러에 달하는 환경머니의 수혜국가가 되기 위해서 한국은 그린로드를 설정해 새만금과 아부다비 마스다르를 잇고 여기에 아프리카 개발도상국이 필요한 환경 관련기술 등을 인도와 함께 개발해 진행시키면 어떨까 싶다. 더 다른 효율성 요구는 과분한 욕심이 된다.

내가 여기서 제안한 내용은 한국 정책 입안자는 다 알고 있다. 나도 그들에게서 직접 들었던 정보나 마찬가지다.

하지만 정책 실천에는 말처럼 쉽지 않다. 정책결정자만이 이를 가시화시킬 수 있기 때문에 그렇다.

그게 바로 그린로드 개설의 이점이자 동시에 맹점이라는 점이 안타까울 뿐이다. 이명박 정부의 녹색성장산업 날개 달기에서 세 번째 백미(白眉)일 수 있고 경우에 따라서는 금맥(金脈)이 될 수 있는 데도 말이다.

여기에 필요한 도움말은 '그린 전도사'로 자천하고 나선 〈코드 그린〉 저자 토마스 프리디먼의 조언을 기억할 필요가 있다. 이를 두 가지로 요약할 수 있다.

하나, '그린 포 올(Green for All)'을 운영하고 있는 밴 존스는 미국의 소외된 젊은이들에게 노후 건물의 그린화를 통해 그린 컬러(green collar)에게 일자리를 만들어주는 일에서의 벤치마킹이다.

"미국인들 가운데 다수의 흑인이 경제적 곤경에 빠져 있다는 것을 기억하라. 블루컬러를 기반으로 한 제조업 일자리는 갈수록 줄어들고 있다.

그렇다고 고도의 숙련직을 제외하고는 일자리가 생기는 것도 아니다. 그래서 젊은 흑인들은 경제적으로 끝없이 추락하고 있다. 그린컬러 일자리로 그들을 잡아줄 수 있는 한 가지 방법이 바로 노후 건물의 그린화일 수 있다."

둘, 정치 지도자의 리더십이다. 정치적 리더가 규칙과 규정을 만들면, 그 규정이 시장을 형성해 수백만 명의 행동을 바꾸고 동기를 유발한다고 강조한 대목이다.

따지고 보면 그린 로드의 달성은 한 사람의 선각자(밴 존스)와 한 사람의 정치 지도자(이명박 대통령)에 의해 가능함을 알 수 있다. 아니 그렇게 글로벌 녹색성장산업을 발전시켜야 될 것이다.

4 정부 정책을 보면 돈이 보인다

절반의 성공으로 기록된 한국 최초 우주발사체 '나로호(KSLV-1)'의 괘도 진입 실패를 바라본 한국 국민들은 어느새 우주기술의 달인이 되었다. 역사적인 사건이다.

한국 보통시민(혹은 한국 보통서민)은 신문매체와 텔레비전의 극성(?)으로 발사체의 구조와 작동원리 등 여느 우주 과학자 수준의 경지에 도달했다.

2009년 8월 25일 오후 5시 전남 고흥군 나로호 우주센터 발사대에서 실시한 위성체 우주진입 실패에 관한 전 과정을 지켜본 결과에 대한 우주 지식의 확보였다.

우주산업의 미래와 시장 규모 등은 물론이고 왜 한국이 '스페이스 클럽'에 들어가야 하는 당위성에다 천문학적인 국가 예산을 투자한 이유 등을 매스컴 덕에 숙지할 수 있었다.

우주위성 발사하면 미국 나사(NASA)에나 있을 법한 피안의 세계였지만 단 한 번의 실패로 전 국민은 가장 짧은 시간에 우주산업의 달인이 될 수 있었다.

액체연료 · 2단 킥모터 · 페어링 · 텀블링

'발사 3분 50초 후 1단 엔진이 정상적으로 종료되면서 3초 후 1·2단 이 분리됐고 발사 6분 35초 후에 킥모터가 점화된다.

킥모터는 위성을 정상 궤도에 안착시키는 역할을 하는 2단 고체주진로 켓인데 59초 동안 연소될 예정이었다.

실제로 킥모터의 연소시간은 정상적이었지만 로켓 상단부분에 붙어 있던 300kg 가량의 페어링 무게로 인한 중심이 잡히지 않아 정상적인 자세를 잡지 못하고 비틀거리거나 뒤집히는 등 제멋대로 움직이는 텀블링 현상을 보였다. 예상을 벗어난 무게 때문에……'

신문매체마다 관련 사진과 도표를 곁들여 대서특필하고 있었으니 이쯤 되면 우주산업의 달인이 되는 것은 자연스러운 현상이 아니었다면 이건 더 희극적이 된다.

국민적 글로벌 녹색성장산업 동참 명분 쌓기

모든 일은 관심의 유무에서 진가가 결정이 난다. 이를 그린 뉴딜로 패러디해 보면 이명박 정부의 글로벌 녹색성장산업에서 정책적 날개 달기 노하우와의 회우(會遇)는 그리 신기한 뉴스감도 아니다.

이명박 정부 미래전략의 핵심인 '저탄소 녹색성장' 어젠다는 절반의 성공을 이룬 나로호 우주체 발사과정처럼 모든 국민에게 공감확대로 이어졌다.

8·15 광복경축사에서 밝힌 내용들이 1년 반 만에 녹색성장산업은 미래 신종 먹거리로서 총론은 거의 다 나왔다. 기업에게 돈이 되는 각론에서만 가시적인 결과물이 진행형일 뿐이다.

제3차 유엔정상회의에서 이 대통령은 그린 기술 개발에 GDP 2%를 투자할 것을 천명했다.

문제는 관련 기업의 성공을 좌지우지하는 시설 투자와 개발 투자에 관한 지원책과 자금 이용이다. 이게 조(兆) 단위다. 그리고 투자회수 기간이 다른 산업과는 대조적으로 매우 길다.

또한 글로벌 그린 마켓은 메이저그룹만의 잔치로 시장과 부를 함께 공유하는 등 진입의 벽도 만만치 않다.

2007년 전 세계 우주산업의 규모는 2,510억 달러로 추산하고 있다. 올해는 5,000억 달러에 이를 전망이다. 반면 한국 우주산업 총규모는 1조 2,630억 원으로 집계되고 있다. 이 가운데 한국 우주분야 기업들은 총 8,873억 원의 매출을 올렸다. 이 가운데 수출은 573억 원을 마크하고 있을 뿐이다.

이미 전 세계 우주산업은 영상·통신·방송서비스·기상·항법(GPS) 등 위성활용과 서비스로 60%를 차지할 정도로 활용도가 큰 분야다.

여기에 비해 글로벌 녹색성장산업의 규모와 파급효과를 우주산업과 단순 비교해도 범위가 넓고 동시에 파이도 크다. 하지만 넘어야 할 산은 매우 높다.

녹색성장산업을 얘기하면서 갑자기 우주산업으로 화두를 옮긴 이유는 도대체 무엇일까. 도대체 어떤 트릭일까. 도대체 해법이 될 수 있을까.

결론적으로 기술하면 환경산업 전문가들은 공통되게 "답은 있다"로 모아지고 있음이 사실이기 때문이다.

한쪽에서는 명분을 쌓고 다른 한쪽은 이익 분배 정책을

한국을 잘 알고 이해하고 사랑하는 대부분의 외국인으로부터 듣는 흔한 질문 하나가 있다. "왜 한국인들은 개인적으로 아파트에 올인하는가"였다.

쌈짓돈이 되기 때문이라고 대답해도 수긍에 만족하지 못하고 있다. 그렇다고 재(財)테크 개념의 변천사를 얘기해도 이해를 다 구할 수 없을 터다.

아파트 문화가 재테크 수단으로 이용되고 이를 통해 부자들이 속출한 지난 30년의 아파트 재테크 역사는 토지 투자와 함께 한국인 가장 선호했던 개인적 포트폴리오에서 매번 0순위다.

미안하지만 한국도 미국처럼 청문회 문화가 다반사로 이어지면서 청문회 참석 인사들이 적잖게 아파트 재테크에 올인하고 있음은 우연일까. 아니면 필연일까.

이를 지켜본 모든 국민들의 재테크 머릿속에는 아파트와 땅 투자에는 초미의 관심사로 대두되어 버렸다. 믿거나 말거나가 아닌 슬픈 한국의 자화상이고 한국인의 개인 재테크 현실이다.

이를 대신할 국민적 재테크 재료와 방법은 없을까. 지금 투자한 내 돈이 10년 후 혹은 20년 후 목돈이 되는 재테크 아이템은 없을까. 지금 은행에 든 저축통장 돈이 향후 자신의 노후에 필요란 돈으로 변해 인생 이모작을 행복하게 만들어주는 그런 아이템은 없단 말인가. 혹독한 글로벌 금융위기를 거치면서 전 세계 은행들이 줄도산하는 현장을 직접 목격한 한국 개인 투자자에게 복음은 없단 말인가.

정부가 제정지출을 커버하기 위해 발행하는 국채(國債)만큼 정부가 보증하는 그 무엇은? 정부가 절대 보증한 재테크 수단은?

국민적 공감대 형성

흔히 말하는 시중 부동자금(浮動資金) 811조 원의 진실을 찾아 이를 합리적이고 정부가 보증한 제도 도입과 자금 운용은 녹색성장산업에서도 예외일 수 없다.

아파트 · 땅 · 증권 · 펀드 · 선물 · 국채 · 회사채 · 심지어는 달러캐리운용까지 동원되는 그야말로 돈 놓고 돈을 버는 데 하루 24시간이 부족한 사람들이 얼마나 많은가.

그들이 하루 이동하는 데 탄생시킨 CO_2 배출량은 얼마일까. 그들이 하루 온종일 머리를 싸매고 돈을 찾는 현상은 없는 사람에게는 그저 부러움의 대상일까.

기후변화 대응이나 온실가스 감축을 배제하고 지구온난화 방지를 이대로 방치하면 결국 지구촌 소비자의 물가 쓰나미로 전달되는 일은 불을 보듯 뻔하디 뻔한 슬픈 자연의 대접을 그들이라고 외면하기는 어려울 것이다. 자연의 기대(待接)와 섭리(攝理)를 부정하면서 자신의 몫만 지킬 수 없을 터다.

다른 비약은 여기서 잠시 멈추고 본론부터 말하자면 811조 원에 달하는 시중 부동자금에 대한 산업화 자금유도는 빠를수록 좋다.

811조 원의 시중 부동자금 운용

어느 나라든 부동자금과 지하에 숨어 있는 검은 돈은 있기 마련이다. 스위스 UBS가 미국에게 백기를 들 수밖에 없는 저간의 사정이 이를 잘 방증해두고 있다.

한국에서 시중에 나도는 부동자금은 줄잡아 811조 원. 여기다가 지하에 숨겨 있는 돈까지 합하면 거대한 금액이 된다.

한국 정부도 최근 이 돈에 대한 흡수정책과 함께 운용정책을 다음처럼 발표했다.

"시중에 불어난 유동성이 생산현장에 투입되도록 선순환(善循環)시키는 동시에 기업 투자를 활성화하기 위해 투자 펀드를 만들 계획이다. 우선 정부는 기업인수합병(M&A) 펀드를 비롯하여 연구개발(R&D) 펀드와 녹색성장 투자펀드와 같은 다양한 펀드 방안을 추진하고 있다."

이러한 멘트는 지난해 5월 20일 기획재정부의 발표 요지다.

지난해 6월 금융위원회도 녹색금융 육성계획을 발표했지만 지지부진하고 있다. 그래서 시장은 녹색펀드나 탄소펀드에 냉소적이다. 시장 분위기도 썰렁하다. 지금도 아무런 변화가 없는 것도 마찬가지다. 한마디로 부동자금과 지하자금이 메리트를 아직도 못 느끼고 있다는 점이다.

이러한 발표를 내놓은 한국 공무원의 머리는 일반 대중보다 탁월하다. 따뜻한 가슴도 지니고 있다. 부동자금 생리도 너무나 잘 알고 있다. 이력이 붙어도 한참 붙어 있다.

더 밀어붙이면 목은 하나뿐이기 때문에 뜸 들이기로 시간을 축내고 있다. 마냥 립서비스 수준에서 주저주저하기 마련이다. 모르면서 실행에 옮기지 않는 것이 아니라 잘 알면서도 주저주저할 뿐이다.

따라서 어느 나라든 정치적 결단이 필요하고 이를 통해 소정의 목적을 이루는 경우가 적지 않다.

다만 전제조건으로 대국민의 공감대 형성을 다져가면서 다른 한편으로는 '녹색성장기본법'과 별도로 '녹색성장산업특별법'을 제정한 다음 시행령에다 '정부보증 투자펀드'를 고려대상에 넣는 일이다. 이해당사자와 국회의 원만한 합일이 전제됨은 물론이다.

그 밑바탕에는 정부의 정책을 보면 돈이 보인다는 대전제처럼 부동자금 소유자에게 이익보증을 법률화해야 한다. 여기서 부동자금 운용(運用)의 금융 콘텐츠(financial contents)를 구체화시킨 것도 포함시켜야 한다.

예를 들면 이런 것이다. 최근 한국 정부가 발표한 '녹색인증 방안'을 구체화시켜 부동자금의 유인책으로 발전시켜 산업화 발전기금으로 동원시키는 일이다. 이미 정부 발표는 이렇게 나와 있다.

'앞으로 녹색기술에 의한 매출이 총매출의 30% 이상인 기업은 녹색기업으로 인정받을 수 있다. 이렇게 인증받은 녹색기업에 투자하는 녹색펀드·예금·채권에 대해서는 세제상 혜택이 주어진다.'

더 다른 유인책은 글로벌 그린 마켓의 미래를 제시해서 동참시키는 일도 고려대상이 된다.

글로벌 그린 마켓이 요구하는 수준의 기술력을 갖춘 A사가 아프리카 사하라 사막에서 실시되고 있는 데저텍 프로젝트에 공동참여하게 되었다.

B사는 전기자동차용 배터리 재료인 리튬 소재를 한국 정부의 적극적인 지원으로 남미 불리비아에서 광구권 인수를 결정지었다.

C사는 중국 정부가 입찰에 붙인 풍력단지 낙찰사와 10MW급 시공 파트너로 선정되었다.

D사는 걸프협력위원회(GCC) 한 회원국으로부터 원자력 1기 수주에 성공했다.

E사는 제로가본시티 아부다비 마스다르가 구축하고 있는 지붕 태양광 발전 시설을 GE와 함께 공동참여하게 되었다.

F사는 세계 최초로 첫 밀폐형 원료 저장소 시설을 구비한 충남 당진군

소재 현대제철소와 같은 규모의 시설을 호주에서 수주했다.

G사는 쿠웨이트에서 구축하고 있는 무공해 도시 실크시티의 스마트그리드 수주에 성공했다.

H사는 여자 머리카락 이미지로 이름난 이데미쓰고산 석유회사가 파력발전 컨소시엄으로 한국 한 업체 선정은 신선한 충격이 되었다.

앞에서 열거한 7개 그린 기업들에게 필요한 기술 투자와 설비 투자에는 어림잡아 811조 원으로도 부족하다. 지하에 숨어 있는 돈까지 보태야 겨우 충당된다.

이래서 시중 부동자금을 투자자금화해야 한다. 기존 시중 은행금리 이상을 제시해서 말이다.

예컨대 811조 원의 시중 부동자금은 짧게는 10년 후 길게는 20년 후 녹색성장산업 펀드에 가입하면 외국 국채 구입과 같은 수준의 수익이 보장될 수 있는데 굳이 외국까지 나가는 번거로움을 치르겠는가. 녹색성장특별법에 따라 비과세라는 메리트로는 부족할 것이다. 특단의 인센티브를 시중 부동자금에게 안겨주어야 한다. 이를 법제화시켜서 말이다.

지금은 정책의 실천 시대

기술시대는 광속으로 변함에 따라 제5의 물결인 녹색혁명의 비전과 당위성은 이미 숙지한 상태로 발전했다.

그리고 세계 언론매체들이 한국 녹색성장산업 승자로 떠오른 기업들에게 찬사와 시샘을 담긴 뉴스를 간단없이 보내고 있다.

외신도 인도처럼 한국도 우주산업의 보증수표인 스페이스 클럽 가입이 가시화되고 있다. 덩달아 한국 녹색성장산업에서도 대박 행진이 줄을 잇고 있다.

"에너지 10%를 절약하면 연간 10조 원을 벌어들이는 효과와 맞먹는다"라고 대국민 메시지를 발표한 한국 정부 위정자는 이제 "한국의 미래 먹을거리는 녹색성장산업에서 찾는 게 국정 철학이다"라는 선언적 메시지로 부동자금 운용에 관한 규모와 용도, 그리고 이익계정을 밝히는 일이 필요하지 않을까 싶다.

올해 11월 한국에서는 '제5차 G20 정상회의'가 열리고 한국은 당당한 의장국이다. 기후변화 대응은 이 정상회의 단골 메뉴의 하나다.

전 세계에서 3,000명이 넘는 정책 로열패밀리들이 대거 한국을 찾게 된다. 이들에게 한국의 그린 테크놀로지를 위해 시중 부동자금 811조 원을 유입해서 글로벌 그린 마켓 승자의 출현을 가능하게 하고 있다는 점을 이슈화한다면 의장국다운 정책 내용일 수 있다.

단언컨대 길은 먼 곳에 있지 않다. 보호무역주의가 은연중 작용하는 녹색성장산업의 큰 걸림돌이라는 점을 감안해도 바로 이게 이명박 정부의 글로벌 녹색성장산업의 날개 달기에서 다섯 번째 제안의 전말이다.

5 한국은 없다

지난해 8월. 인터넷 인기 블로그에서 국내 한 경제신문사의 칼럼 한 편이 클릭수 톱을 기록했다. 정치관련 기사라든가 인기연예인 기사라면 몰라도 한때 특파원으로 영국에서 근무하던 시절 아들에 관한 주제였는데 그게 화제성 신문칼럼으로 주목을 받아냈다.

插話 1. 다인종 국가인 영국에서는 웬만한 초등학교 재학생 국적이 20개를 훌쩍 넘는다. 이런 다양성 때문에 학생 각자 출신 국가를 소개하는 일이 잦다.

올해 3월 초 초등학생인 기자 아들이 방과 후 집에 돌아와 버럭 성질부터 냈다. 수업시간에 각 나라의 유명기업을 소개하는 발표를 했는데 아이들에게 놀림을 받는 데 너무나 분하다는 것.

아이는 삼성·LG·현대자동차 등이 한국 기업이라고 말했지만 아이들은 '거짓말쟁이'라고 놀리며 삼성과 현대차는 일본 기업, LG는 미국 기업이라고 우겼다고 했다.

선생님조차 삼성은 일본 기업이 아니냐고 반문했다고 한다.

挿話 2. 이탈리아 밀라노 인근 소도시 비아소노. 토종 이탈리아인이 주로 사는 곳으로 외국인을 찾아보기는 그리 쉽지 않다.

지난 8월 초. 이곳을 방문한 기자를 주민들은 호기심 어린 눈으로 쳐다봤고 몇몇 주민은 다가와 이것저것 물어도 봤다.

어느 나라에서 왔느냐는 질문에 '코리아'라고 답했다. 그런데 돌아오는 말이 "정말이요? 어떻게 탈출했지요?" 아니면 "왜 당신 나라는 핵무기를 개발하느냐?"였다. 그들은 한국과 북한을 같은 나라로 알고 있었다.

유럽인들은 한국을 여전히 개도국 가운데 한 나라로 인식하고 있다. 그나마도 한국을 북한과 혼동하고 있다.

유럽인들은 코리아라고 하면 핵무기 개발로 부정적이지만 강한 인상을 준 북한부터 떠올린다. 인지도 자체만 놓고 보면 한국은 북한에 한참 뒤진다.

국가 홍보를 맡은 관료들이나 외교관들이 들으면 일부 무식한 유럽인들 이야기라고 반박할지 모르겠다.

하지만 가장 효과적인 홍보(弘報) 대상은 바로 지적 수준이 그다지 높지 않은 사람들이라는 기본적인 홍보의 기본원칙을 고려하면 설득력이 떨어진다.

유럽에 비해 미국이나 아시아에서는 인지도가 높다고 주장할 수도 있다. 그러나 경제적으로나 정치적으로나 문화적으로 여전히 강력한 힘을 발휘하는 유럽을 등한시할 수는 없다.

지난 2009년 8월 18일자 신문기사의 일부다. 신문 칼럼 제목은 '유럽
에 한국은 없다'로 타이틀을 잡고 있다.

내가 이렇게 신문 칼럼을 옮기는 이유는 제7장 여섯 번째 항목의 글로
벌 녹색성장산업에서 한국의 인지도 유무와 글로벌 그린 마켓의 코리아
위상 소개가 필요하다는 판단에 따라 환경 전문가 집단인 포커스 스터디
그룹의 추천을 받아 전재(轉載)하고 있다. 다만 '유럽에'를 두루뭉술하게
줄이고서 '한국은 없다'로 압축 형태를 취했다.

우선 반대를 위한 반대가 아니다. 그린 뉴딜을 지향하는 코리아의 마켓
파워에서 실(實)과 허(虛)를 동시에 조명하면 코리아의 인지도 유무와 위상
의 높낮이를 가늠하는 잣대가 될 수 있다는 판단에서 비롯된다.

批評 vs 評論

실제로 우리 마케터 세계에서는 비평(criticism)에는 약하고 약하다. 광
고주와의 밀월에서 모든 비즈니스가 이루어지고 있음과 무관하지 않다.

비평(批評)보다는 평론(評論: comment)에 더 가깝다. 때문에 미국과 영국
등 광고현업에서는 광고비평가는 없고 대부분 광고평론가로 명함에 정체
성을 살려내고 있다.

하지만 평론가의 시각으로 볼 때 과연 한국 기업은 글로벌 그린 마켓에서 승자의 승전곡을 들을 수 있을까. 아니면 글로벌 그린 마켓에서 장송곡을 들을까.

성공과 실패의 양자택일만이 존재하고 기술과 경영에 소홀함이 보이면 도퇴되는 냉엄한 국제경제 현실은 그리 녹녹하지 않다.

아무리 코리아의 위상 정립에서 과장과 포장에 능하다고 해도 마케터 본분을 버리고 마냥 칭찬과 박수로 화답할 수 없다.

그린 마켓에서 들리는 쓴 소리와 슬픈 소리에도 귀를 기울이는 데 한 치의 소홀함을 잊지 않아야만 진정한 마케터다.

실패학의 대부분이 그린 기업의 성공 확률보다는 실패 확률이 높게 나타나고 있다고 증언하고 있다.

한 번의 실패는 기업과 경영주체, 그리고 투자자의 손실로 이어지기 마련이다.

이 이유 하나 때문에 시장을 사랑하는 마케터들은 사업의 시작에 들어가기 이전부터 스타트라인에 들어서는 그린 기업에게 최우선적으로 거듭된 시뮬레이션 모형과 모순된 문제를 풀어주는 만능키 트리즈(TRIZ) 조사 기법 동원, 리스크 유무와 실패학 교과서 교훈까지 챙기는 데 주저하지 않는다. 이름하여 '리스크 관리 4단계'를 준비해서 시장조사 보고서 말미에 첨부시키는 일도 잊지 않고 있다.

IT 강국 · 반도체 강국 · 휴대폰 강국

우리는 흔하게 코리아의 위상에서 'IT 강국'을 내세운다. 하지만 조사기관 가트너그룹 발표에 따르면 아프리카 가나보다 한 단계 위다.

전 세계가 국경과 국민, 그리고 피부색의 구별이 사라지고 오직 시장 셰어와 탁월한 기술 확보만이 대접받는 세계화 시대에서 코리아만 찾는 것은 촌스럽다.

앞의 두 가지 삽화(揷話)에서 읽었듯이 유럽에서 본 코리아 수준은 F학점 수준이다. 산유국 무대인 GCC 지역은 코리아의 해외플랜트 수주에서 달러 박스라고 해도 역시 우리 생각 이상으로 인지도는 낮다. 위상은 터키 수준으로 치고 있다.

그린 마켓에서는 우선적으로 국가 인지도와 위상을 대변하는 코리아 브랜드부터 팔아야 하는 데 삽화의 현실 소개처럼 수준 이하임이 현실이다.

그동안 코리아 브랜드는 우물 안 개구리처럼 자만과 독선에 취(醉)한 나머지 조상 잘 둔 은덕으로 정부 보상비로 하루 사이에 졸부(猝富)처럼 안하무인을 범하지 않았을까.

한 번의 복권 당첨으로 행운을 잡아 거부(巨富)처럼 행사하지는 않았을까. 요행에 의해 APT 투기로 큰돈은 만진 부자(富者)처럼 자만하지는 않았을까.

이는 자기 집에만 가지고 있는 보석에 지나지 않는다. 세계가 공인하고 검증하고 칭찬하는 수준의 그린 테크놀로지 확보만이 진정한 보석이 될 수 있음에서 그 진가를 발휘해야 된다.

어글리 코리아의 쇄국산업 강국

국제 비즈니스 현장에서는 파는 것만큼 사주는 것이 순리다. 글로벌 그린 마켓도 예외가 될 수 없다.

앞의 삽화 두 가지가 한국을 잘 모르거나 한국을 한 번도 찾아오지 않았던 시각으로 본 한국관이다.

반대로 한국을 사랑하고 한국과 파트너로 삼고 있는 친한파(親韓派) 외국인의 시각은 어떨까. 그들의 속내도 앞의 삽화처럼 같을까.

'노(No)'다.

그냥 노가 아니라 한국을 몰라도 한참 모른다고 한칼에 내리칠 것이다. 그리고 '그러나 이것만은…' 하고 단서를 붙이는 것이 통상 코멘트다.

그동안 한국은 수출로 먹고 살면서 파는 것에 능숙했다. 이제는 사주는 것도 함께 고래해야 하는 시대로 인식해야 된다는 속내를 보이기 일쑤다.

그들은 한결같이 한국 4대 쇄국산업을 수출산업으로 발전시키는 일을 주문하고 있다. 한국 시장의 4대 기둥으로 굳게 자리를 잡고 있는 법률·의료·금융·교육 시장의 개방과 함께 진입장벽의 규제를 꼽고 있다.

어글리 코리아의 핵심을 적나라하게 짚는 꼴이다. 글로벌 녹색성장산업에서 승자가 되는 나라가 되기 위해 국가 어젠다로 '저탄소 녹색성장'을 들고 나온 이명박 정부가 풀어야 하는 국가적 과제들이다.

두 가지만 짚어보자. 한국 법률시장의 경우는 '우물 안 개구리 법률 서비스'로 평가를 받고 있다.

한국법률시장 규모는 약 15~16억 달러다. 영국의 클리퍼드 챈스 법률법인의 취급 금액은 22억 1,000만 달러다. 이 회사 매출이 한국 법률시장 전체를 웃돌고 있는데 개방의 빗장은 걸음마 수준이다.

한국 법률의 국제 업무는 글로벌 로펌 허브인 홍콩에서 상담하고 처리하는 형극이 현실이다.

황금시장으로 떠오르고 있는 한국 의료시장은 글로벌 로펌처럼 곳곳에 전봇대를 박고 있다. 의료기기 개발은 광속(光速)인데 법과 제도는 아날로그 수준이다. 인천 송도시대에서나 개방과 규제를 기대할 수 있다지만 물론 굼뜬 수준이다.

세계적인 의료기술을 구비하고도 부자 외국 환자 수용마저 장벽을 스스로 쌓고 있다. 시기상조라는 명분으로 개방에 인색한 결과다. 애매한 규정에 묶어 원격진료도 반쪽 수준으로 전락하고 있다.

글로벌 녹색성장산업의 진흥에서 외국 네트워크화는 투자자본과 기술개발에서 발전의 핵이다. 4대 쇄국산업을 그대로 유지하고 외국 투자자를 유인할 수 있다고 판단하는가. 난센스의 극치가 따로 없다.

IT 강국 vs S/W 강국 코리아

한국의 잣대로 보면 IT 강국과 S/W 강국에는 이의가 없다. 하지만 최근 시장조사기관인 가트너그룹은 중국과 인도를 최고 S/W 국가로 인정한 반면 한국은 아프리카 가나 등과 함께 초보 수준에 머물러 있다고 평가했다.

그 이유로는 한국 S/W 시장 81%가 외국 S/W가 차지하고 있음을 평가 기준으로 삼았던 결과다.

S/W 산업 진흥 없이는 IT 강국의 의미는 퇴색하지 않을 수 없다. 여과 없이 평론해도 글로벌 녹색성장 승자가 되기 위해서는 우선적으로 IT 강국과 S/W 강국을 등에 업고 그린 테크놀로지 원천기술 개발과 글로벌 그린 마켓의 독점력을 향상시켜야만 된다.

행정부처 사이의 밥그릇 싸움

한국판 그린 뉴딜에서 난센스 극치는 행정부처 사이의 밥그릇 싸움이다. 온실가스 DB구축을 놓고 환경부와 지경부가 4년째 밥그릇 싸움을 벌이고 있다.

'한국이 없다'고 평가하는 다른 이유는 '녹색성장기본법' 통과가 불투명하다는 점을 배제할 수 없다.

앞에서 '녹색성장산업진흥특별법'을 제안하는 그 자체도 공염불이 아니길 바라는 마음에서다.

　따라서 앞으로 '10년, 한국이 뭐로 먹고사나'를 고민하기 위해서라도 '한국은 없다'라는 부정적 코멘트가 더는 나오지 않아야 된다는 노파심 때문이다.

　이명박 정부가 글로벌 녹색성장산업의 승자가 되기 위해서는 더 다른 부정적 평가 대신 정말로 목표 지향적(goal oriented) 선택과 집중이 중요한 시대가 바로 지금이다.

　예컨대 삽화(揷話)는 삽화(揷話)일 뿐이다. 보약은 쓰디쓰기 마련이다.

6 이제 우리 모두 휘발유를 기르자

지난 100년 동안 지구 평균온도를 0.7% 상승시킨 이산화탄소. 그 이산화탄소(CO_2)를 배출해내는 대표적인 기업 BP(British Petroleum: 브리티시 페트롤리엄)는 글로벌 녹색성장산업에서 항상 주목과 함께 연구대상이 되고 있다.

2000년 5월 '브리티시 페트롤리엄'이라는 긴 이름을 처음 'BP'로 바꾸었다. 노란색과 노란 햇살을 품어내는 태양을 연상하는 로고와 '석유를 넘어서(beyond Petroleum)'라는 슬로건으로 글로벌 녹색성장 기린아(麒麟兒)로 대접을 받고 있다.

UC버클리 바이오 프로젝트

최근 BP는 UC버클리 바이오 프로젝트에 5년간 5억 달러를 투자해서 녹색성장산업의 판도를 바꾸는 기린아다운 명성을 쌓고 있다.

바이오테크(BT)를 이용해 자연만이 생산할 수 있는 신재생에너지를 출시하기 위해서다. 1 배럴이라도 더 팔아야 하는 이들이 원유 대신 바이오 혁명을 주도하는 일에 핵심역량을 모으는 일은 지구온난화 주범인 CO_2 배출에 대표적인 기업 책임과 기업 수익을 함께 고려한 특단의 조치다.

화석원료 석유를 팔기보다는 향후 BP의 기업변신은 휘발유를 기르는 쪽으로 사업 포트폴리오를 다변화시킬 것으로 알려졌다.

기르는 일은 파는 일보다 몇 배 힘들고 어려운 과제다. 시작은 있어도 그 끝이 보이지 않지만 CO_2 배출 대표적인 기업이라는 이미지를 잠재우기 위해 최근 BP는 또 다시 변신의 역사를 쓰고 있다.

BP 기술연구소는 미국 UC버클리대학을 공동 파트너로 삼아 기르는 휘발유 출시를 위한 기술개발에 박차를 가하고 있다.

천문학적인 거금 5억 달러(6,000억 원)를 투자한 'UC버클리 바이오 프로젝트'의 내용과 연구물은 2015년이면 전 세계 뉴스의 스포트라이트를 받게 된다.

반갑게도 이명박 정부는 지난해 8월 유엔환경계획(UNEP) 보고서를 통해 BP에 앞서 전 세계 언론매체로부터 스포트라이트 세례를 받았다.

세계 그린 뉴딜 전략은 한국이 선도하다

유엔 산하 UNEP는 '한국의 녹색성장 정책 중간보고서'에서 "한국은 녹색성장을 달성하려는 세계적인 노력을 끌어올림으로써 국제사회에서 지도력을 보여주고 있다"고 밝혔다.

보고서는 한국 녹색성장의 비전과 전략에 대해 "국가의 성장 패러다임을 '양적 성장'에서 '질적 성장'으로 변화하는 중대한 시도"라고 평가했다.

한국은 전 세계 가운데 최초로 녹색성장 비전을 국가 발전의 핵심 패러다임으로 선정한 사실까지 소개했다.

보고서는 또 2009년 7월 한국 정부가 발표한 녹색성장 5개년 계획 내용과 2020년 온실가스 감축 목표 시나리오, 그리고 4대강 살리기 사업 등을 자세히 소개했다.

특히 UNEP 보고서는 한국 이명박 정부가 녹색성장 5개년 계획을 추진함으로써 2013년까지 206조 원의 생산 가치를 유발하고 함께 156만~181만 명의 고용을 창출할 수 있을 것으로 기대하고 있다고 전했다.

이에 따라 한국의 녹색성장 전략은 한국 국민의 삶의 수준을 향상시킴과 동시에 온실가스 감축에도 기여할 것이라고 UNEP는 전망했다.

날개 달기의 청신호는 미국 시카고에서도

KOTRA가 지난해 9월 미국 시카고 네이비 피어에서 개최한 '2009 한국우수상품전(KOREA EXPO 2009)'은 미국 기업들이 한국 그린 테크놀로지에 눈독을 올리는 계기를 마련했다.

KOTRA가 미국에서 한국상품전을 연 것은 88올림픽을 앞둔 1985년이 마지막이었다. 그나마 당시에는 국가 홍보차원이었을 뿐 수출 상담을 기대한 것은 아니었다.

한국 상품으로 미국 시장을 뚫기에는 역부족이라는 판단에서다. 그러나 글로벌 금융위기 이후 상황은 확 달라졌다.

미국 정부가 그린 뉴딜을 내걸면서 여기에 소요되는 기술과 제품이 주목을 받는 것은 당연했다.

그동안 그린 테크놀로지 개발에 소극적이었던 미국 기업으로서는 미국 정부의 경기부양자금을 따내기 위한 그린 테크놀로지가 필요했다.

그러나 유럽연합 국가와 일본은 경쟁상대에서 껄끄러웠다. 그린 테크를 확보한 한국의 최첨단 그린 테크놀로지 기업이 합작 파트너로 떠오른 것이다. 앞에서 기술한 대로 프라임 벤더 형식을 제안해서.

한국 전기자동차 메이커 CT&T와 한국 풍력발전 1위 유니슨에게 미국 기업들이 반하고 말았다.

페트릭 퀸 미국 일리노이 주지사는 모든 일정을 줄이고 CT&T 전시부스를 찾았다. 일리노이 주는 최근 전기자동처 개발 · 생산에 1,000만 달러 예산을 배정하고 있었다.

이 프로젝트를 따낸 게 바로 한국 CT&T였다. 전시부스를 직접 찾았던 퀸 주지사는 "한국 최첨단 그린 테크놀로지 기업들의 기술력에 놀랬다"면서 "CT&T와 합작하게 된 데 만족했다"고 밝혔다.

상상을 넘어 독창적인 그린 테크를 개발하고 있는 BP

BP의 UC버클리 바이오 프로젝트는 지하의 원유를 정제시켜 휘발유를 판매하는 것과 차원이 다르다.

자연에서 살고 있는 나무와 풀, 그리고 꽃을 기르듯이 새로운 바이오를 기르면서 휘발유를 생산하는 그린 테크놀로지다. 그냥 그린 테크놀로지가 아니라 다시 자연으로 돌려보내는 진정한 의미의 그런 신재생에너지라고 알려졌다.

우리의 상상을 초월해서 BP다운 독창적인 기르는 휘발유를 생산하는 일은 그린 테크의 신기원을 여는 것과 맞먹는다.

오는 2015년이면 BP는 두 가지에서 그린 뉴딜을 한 단계 업그레이드 될 것 같다. 하나는 텍사스 주 휴스턴 시 남동부 250마일(400km) 거리에서 30억 배럴 이상이 매장된 것으로 추징되는 거대 유전을 발견해서 원유 시추에 나서는 일이다.

둘은 새로운 차원의 그린 테크놀로지로 지하에서 파낸 휘발유를 기르는 휘발유를 생산하는 기술적 개가다.

〈광고 7-1〉에서 보듯 BP는 '에너지, 땅으로부터, 태양으로부터 아님 둘 다?'를 헤드라인으로 내세워서 차별성부터 살리고 있다.

〈광고 7-2〉에서는 '도대체 탄소발자국은 무엇입니까?'를 헤드라인으로 삼고 있다.

〈광고 7-1〉

Energy. From the ground, the sun, or both?

에너지, 땅으로부터 태양으로부터 아님 둘 다?
석유. 오늘날 에너지 수요에 대응하는 것은 책임 있게 하는 것을 의미합니다. BP의 Advanced Seismic Imagine은 우리로 하여금 해양 심층 그리고 바위 밑에 저장된 숨겨진 에너지를 발견할 수 있게 해줍니다. 가장 중요한 것은 이제 우리가 환경에 끼치는 영향을 줄이면서 소수의 해안가 유전을 개발할 수 있다는 것 입니다.

〈광고 7-2〉

What on earth is a carbon footprint?

도대체 탄소발자국은 무엇입니까?
세상에 모든 사람들은 탄소발자국을 가지고 있습니다. 그것은 우리가 사용하는 에너지로 인해 매년 배출하는 이산화탄소량을 의미합니다. 당신 가정의 탄소발자국 크기를 계산해 보세요. 얼마나 그 양을 줄일 수 있는 지 배워보세요. 그리고 BP 홈페이지(hp.com/carbonfootprint)에 들어오셔서 우리가 어떻게 그 탄소발자국을 줄여 나가고 있는지를 확인해 보세요.

이 두 가지 광고에서 보듯이 CO_2 배출에 따른 지구온난화의 책임을 갖고 있는 BP는 이러한 변화를 기업적 숙명으로 받아들이고 있다.

보디 카피에 녹아내고 있는 BP광고의 제안은 철저한 자기반성과 함께 새로운 그린 테크인 기르는 휘발유 출시로 65억 지구촌 소비자에게 희망적 메시지로서 아무 손색이 없다.

이명박 정부의 날개 달기는 이제 시작

우리는 '시작이 절반의 성공이다' 라는 속담을 잘 알고 있다. 익히 숙지한 교훈이다. 이명박 대통령은 2008년 8·15 경축사를 통해 '저탄소 녹색성장'을 제시한 후 2년의 시간이 흘렀다.

국가적 어젠다로서 한국 산업 역사의 패러다임을 바꾸었고 미래 우리 먹거리로 녹색성장산업이 맨 중앙에 서 있다. 국민적 공감대도 형성되어 가고 있다.

글로벌 금융위기 이후 세상은 많이 변했고 많이 발전했다. 그린 뉴딜을 시대적 소명으로 인지해 우리는 다시 일어서야 한다.

앞에서 소개한 UNEP 보고서와 미국 시카고발(發) 대박 소식에 자만하지 말고 얼음처럼 찬 머리와 지구 사랑의 뜨거운 가슴으로 다시 시작해야 한다.

아무리 글로벌 녹색성장산업을 둘러싼 외적 환경은 보호무역의 파고만큼 치열한 경쟁구도를 형성되어가고 있다고 해도.

따라서 미국과 중국이 앞장서서 글로벌 그린 마켓을 이끌고 있고 유럽연합(EU)국가와 일본이 뒤를 잇는 가운데 진정한 승자가 되기 위해 뛰어야 한다.

이를 다시 시작할 수밖에 없는 시대적 숙명으로 알고 '녹색강국 등극'을 위해 앞만 보고 뛰는 한국을 기대해 본다.

　이 책의 최종원고를 출판사에 넘기는 그 날. 영국 파이낸셜타임스(FT)는 그린 마케팅이 필요한 이유를 대서특필하고 있었다.

　지난해 중국 최고의 부자는 리튬이온전지배터리 제조에서 출발해 전기자동차 메이커로 성장한 왕촨푸 BYD 회장이 차지했다면서 '그린 마케팅의 승리' 라고 평가했다.

　글로벌 그린 마켓과 그린 마케팅의 함수엮기에 관한 내용으로서 이 신문매체의 평가는 주목 이상의 그린 가치를 설명하고 있었다.

　지금도 뉴스 레벨에서 신선한 맛은 더하고 있어 그린 가치의 생명력을 배가 시키고 있다. 그린 가치를 확대하기에 전혀 부족함을 모르듯이 앞을 향해 질주 모드로 일관한 점이 돋보였다.

　그 이유는 40대 왕촨푸 회장이 이끌고 있는 BYD가 '투자의 귀재' 이자 버크셔해서웨이 워런 버핏 회장과의 행복한 결혼에 의해 거대 중국에서 최고의 부자로 등극되는 영광을 '그린 마케팅 + 부자 마케팅' 으로 정리했기 때문에 그렇다.

　다시 패러디해 보면 올해로 3년 전으로 거슬러 간다. 지난 2008년 9월 워런 버핏은 BYD에 2억 3,000만 달러를 투자해 이 회사 지분 10%를 인수했다.

　이후 이러한 투자뉴스가 13억 중국인 입에 오르내리면서 BYD 주가는 7배로 급등했다. 이를 간접 증명하듯 찰리 멍거(Munger) 버크셔해서웨이 부회장도 영국 텔레그래프지에다 "왕 회장은 발명가인 토머스 에디슨과 경영의 귀재인 잭 웰치 전 GE 회장을 합한 것 같은 인물이다"라고 평가한 다음 "이런 기업가는 일찍이 본 적이 없다"고 극찬을 서슴치 않았다.

103위에서 1위로

　이 책에도 자세하게 소개했듯이 1995년 왕 회장이 BYD를 창업한 당시에는 자신이 중국 최고의 부자가 되리라고는 상상도 하지 못했다. 창업을 위한 시드머니도 친척의 도움에 의해 가능했던 그가, 베이징이나 상하이가 아닌 광동성 선전에서 이룬 기업가적 승리를 거머쥔 그가, 글로벌그린 마켓에 최강자로 등극되었다.

　최근 중국 상하이일보 발표에 따르면 왕 회장의 개인 재산이 51억 달러

(한국 삼성 이건희 회장은 39억 달러)로 집계해 중국의 부자 순위 1위에 올랐다고 보도했다. 녹색성장산업만이 가능한 기념비적인 기업 열전이 아닌가 싶다.

왕촨푸 회장이 중국 최고 부자가 된 데는 '버핏 그린 마케팅 효과'가 매우 컸다. 입소문의 다른 표현인 부자 마케팅을 그린 마케팅에다 절묘하게 접목시킨 점이야말로 글로벌 그린 마케팅 역사에서 한 획을 긋게 했다.

여기다가 중국 6위 부자도 그린 마켓에서 탄생하고 있다. 폐지 재활용과 포장지 기업인 주룽제지 창업주 장인(49억 달러)이 차지하고 있어서다. 결국 중국 1위 · 6위는 녹색성장산업의 승자라는 사실이 공통점을 이루고 있다.

돈을 벌게 해줍니다

BYD의 기업명은 영어의 '돈을 벌게 해줍니다(Bring You Dollars)'의 머리글자를 따서 네이밍을 했다. 또한 '글로벌 그린'이라고 하는 시대적 아이템에 편승한 것이 주효했다.

BYD는 오는 2015년까지 '플러그인(plug-in) 하이브리카' 양산체제에 들어가 170만 대의 자동차를 판매할 계획이다. 중국 최고 부자는 당분간 BYD 왕촨푸 회장의 정성기가 계속적으로 이어질 공산이 갈수록 커지고 있다.

다른 그린 기대주 탄소배출권시장

최근 세계은행에 따르면 올해 탄소배출권시장 규모를 1,500억 달러로 추정하고 있다. 2005년 대비 10배 이상 성장을 전망하고 있다.

지난해 2월 LG상사는 LCD 제조과정에서 배출되는 온실가스를 감축하는 방법을 개발해 유엔의 승인을 받았다.

이에 따라 LG상사는 구미공장에서 연간 55만 톤의 탄소배출권을 확보했다. 이를 탄소배출권시장에 팔 경우 100억 원 정도의 수익이 예상된다.

올해 들어 한국전력도 글로벌 그린 마켓에서 승자가 되기 위해 2조 8,000억 원을 투자해서 이산화탄소 포집 및 저장 기술 개발을 비롯하여 전기자동차 충전 인프라 등을 통해 새로운 수익구조 개선에 매우 적극적으로 나서고 있다.

아무리 공기업이라고 해도 그냥 앉아서 전기를 팔던 시대는 이제 지나가고 녹색성장산업에서 수익을 올리지 않으면 자연스럽게 도태된다는 점을 간파한 결과다.

이러한 사례는 '에너지기후시대(ECE : Energy Climate Era)'을 맞은 기업들에 변신이자 혁신을 이루지 않을 수 없는 명분이 된다.

따라서 시장을 사랑하고 소비자 니즈를 찾아 이를 비즈니스 모델로 만드는 데 달인인 국내외 마케터 발걸음 역시 바빠지기 시작했다.

기존의 인쇄·전파매체에만 목매였던 그들은 새로운 수익시업으로 녹색성장산업의 등대지기를 자임하는 모습이 간단없이 목격되기도 했다.

나이도 잊은 채 세계 최초의 제로카본시티 아부다비 마스다르에서 글로벌 사회적 기업으로 올인하고 있는 나처럼.

|참|고|문|헌|

- 강경희(2009). '그린 이코노미, 새 틀을 만든다'. 〈조선일보〉. 11.7.
- 강찬수(2007). '환경머니 860억 달러'. 〈중앙일보〉. 12.12.
- 김경도(2009). '동에너지 가보니'. 〈매일경제〉. 6.24.
- 김광오(2009). '기적의 땅, 새만금'. 〈동아일보〉. 4.7.
- 김용준(2009). '삼성SDI, 車 전지 강자 제치고 월척 낚았다'. 〈한국경제〉. 8.4.
- 김홍수(2009). '녹색에너지 혁명의 메카를 가다. 〈조선일보〉. 7.14.
- 대니엘 예긴(1993). 〈황금의 샘〉. 김태유 역. 고려원.
- 박용성(2009). '개발할까? 빌릴까? 살까?'. 〈중앙일보〉. 10.9.
- 박일근(2009). '세계 그린 뉴딜 – 영국 GND보고서'. 〈한국일보〉. 1.14.
- 박찬우(2008). '환경금융이 기업을 바꾼다. 〈조선일보〉. 11.,22.
- 복득규(2003). 〈클러스터〉. 삼성경제연구소.
- 사카비바라 에이스케(2005). 〈경제의 세계 세력도〉. 현암사.
- 신동엽(2009). '핵심역량 개념에 대한 오해와 진실'. 〈동아일보〉. 7.11.
- 심재우(2009). '뉴욕은 기술 LED 전시장'. 〈중앙일보〉. 5.7.
- 영국대사관(2009). 〈CBI 기후변화 대응 보고서〉.
- 유병연(2008). 'GE는 어떻게 풍력발전사업 수익 3년 만에 4배 늘렸나'. 〈한국경제〉. 1.8.
- 이규연(2009). '2009 Cool War'. 〈중앙일보〉. 6.13.
- 이상훈(2009). '유럽에 한국은 없다'. 〈매일경제〉. 8.18.
- 이수일(2008). '환경이 돈'. 〈조선일보〉. 11.22.
- 이익원(2009). '1로 100km'. 〈한국경제〉. 8.13.
- 임은모(2007). 〈글로벌 브랜드 두바이〉. 미래사.

- 임은모(2007). '2,500억 달러 아부다비 초대장'. 프레지던드. 9월호.
- 임은모(2009). 〈아부다비의 힘〉. 한국학술정보.
- 임은모(2009). 〈탄소제로시티 마스다르의 도전〉. 한국학술정보.
- 정성춘(2009). '포스트 체제의 기본 틀이 성공하려면?'. 〈조선일보〉. 5.22.
- 정태명(2009). '가난 수준의 한국 S/W 경쟁력'. 〈매일경제〉. 4.22.
- 제프리 로빈슨(2003). 〈석유 황제 야마니〉. 유경찬 역. 아라크네.
- 차경진(2006). 〈이슬람 금융 개요〉. 해외경제연구소.
- 토마스 프리드먼(2008). 〈코드 그린〉. 최정임 · 이명민 역. 21세기북스.
- 한국수출입은행(2006). 〈세계국가편람〉.
- 한국이슬람교중앙회(2006). 〈이슬람은?〉.
- http://cafe.daum.net/dubai4u(다음카페 두바이포유)

임 은 모

경 력
광고평론가
한국문화콘텐츠학회 부회장
Al Ahmed Green Forum 공동대표
한일 마케팅포럼 기획위원
한세대학교 광고홍보과 겸임교수 역임

대표 저서
글로벌 브랜드 두바이(2007)
문화콘텐츠 비즈니스론(2003)
디지털 콘텐츠 입문론(2002)
디지털 콘텐츠 게임개발론(2002)
짐 클라크 수익모델 엿보기(2001)
취해도 광고는 바로 간다(1995)
성공기업 광고전략(1992)
탄소제로도시 마스다르의 도전(2009)
미래 기업 · 국가 경쟁력 벤치마킹 모델 아부다비의 힘(2009)

연 재
〈월간 POP Sign〉 광고칼럼
〈월간 디지털 콘텐츠〉 콘텐츠 개론

강 연
It's Abu Dhabi & Masdar
at a glance Masdar by 글로벌 그린 마켓
글로벌 마케팅과 GCC시장 접근전략

논 문
광고전략에서 케이스스터디 영역과 역할에 관한 연구(1997)
모바일 콘텐츠에서 기술적 특성과 게임 프로듀싱에 관한 연구(2000)

글로벌 그린마켓 승자의 길

초판인쇄 | 2010년 1월 8일
초판발행 | 2010년 1월 8일

지은이 | 임은모
펴낸이 | 채종준
기 획 | 김남동
디자인 | 장선희 양은정
마케팅 | 김봉환

펴낸곳 | 한국학술정보㈜
주 소 | 경기도 파주시 교하읍 문발리 파주출판문화정보산업단지 513-5
전 화 | 031) 908-3181(대표)
팩 스 | 031) 908-3189
홈페이지 | http://www.kstudy.com
E-mail | 출판사업부 publish@kstudy.com
등 록 | 제일산-115호(2000. 6. 19)

ISBN   978-89-268-0724-8   03320 (Paper Book)
           978-89-268-0725-5   08320 (e-Book)

이담
Books 는 한국학술정보(주)의 지식실용서 브랜드입니다.